# 5 CONSIGLI PER INIZIARE

## 1) COME RISOLVERE LE PAROLE INTRECCIATTE

I puzzle hanno un formato classico:

- Le parole sono nascoste senza spazi o trattini,...
- Orientamento: Le parole possono essere scritte in avanti, indietro, verso l'alto, verso il basso o in diagonale (possono essere invertite).
- Le parole possono sovrapporsi o intersecarsi.

## 2) APPRENDIMENTO ATTIVO

Accanto ad ogni parola c'è uno spazio per scrivere la traduzione. Per incoraggiare l'apprendimento attivo, un **DIZIONARIO** alla fine di questa edizione vi permetterà di controllare e ampliare le vostre conoscenze. Cerca e scrivi le traduzioni, trovale nel puzzle e aggiungile al tuo vocabolario!

## 3) SEGNARE LE PAROLE

Puoi inventare il tuo sistema di segni. Forse ne usi già uno? Per esempio, puoi segnare le parole difficili da trovare con una croce, le parole preferite con una stella, le parole nuove con un triangolo, le parole rare con un diamante, e così via.

## 4) STRUTTURARE L'APPRENDIMENTO

Questa edizione offre un **TACCUINO** alla fine del libro. In vacanza, in viaggio o a casa, puoi organizzare facilmente le tue nuove conoscenze senza bisogno di un secondo quaderno!

## 5) AVETE FINITO TUTTE LE GRIGLIE?

Nelle ultime pagine di questo libro, nella sezione della **SFIDA FINALE**, troverete un gioco gratuito!

**Facile e veloce!** Dai un'occhiata alla nostra collezione di libri di attività per il tuo prossimo momento di divertimento e **apprendimento,** a portata di clic!

Trova la tua prossima sfida su:

BestActivityBooks.com/MioProssimoLibro

# Ai vostri posti, pronti...Via!

Sapevi che ci sono circa 7.000 lingue diverse nel mondo? Le parole sono preziose.

Amiamo le lingue e abbiamo lavorato duramente per creare libri di altissima qualità. I nostri ingredienti?

Una selezione di argomenti adatti all'apprendimento, tre buone porzioni di intrattenimento, una cucchiaiata di parole difficili e una spolverata di parole rare. Li serviamo con amore e entusiasmo in modo che tu possa risolvere i migliori giochi di parole e divertirti imparando!

-------

La vostra opinione è essenziale. Puoi partecipare attivamente al successo di questo libro lasciandoci un commento. Ci piacerebbe sapere cosa ti è piaciuto di più di questa edizione.

Ecco un link veloce alla pagina dell'ordine:

BestBooksActivity.com/Recensione50

Grazie per il vostro aiuto e buon divertimento!

*Tutta la squadra*

# 1 - Scacchi

```
W  C  H  S  H  E  U  R  F  D  X  K  O  X
C  Y  V  B  T  F  A  A  R  D  U  O  I  X
P  O  I  N  A  R  U  T  A  X  A  N  N  M
N  T  Y  S  T  M  L  U  W  H  I  T  U  P
M  A  T  I  H  T  A  N  I  A  M  E  P  R
N  N  L  A  N  O  G  A  I  D  K  S  O  A
A  T  F  A  S  A  P  R  C  F  N  T  N  J
N  A  P  U  W  T  G  A  S  E  N  O  U  A
I  N  A  G  G  A  Y  U  L  C  R  M  T  L
A  G  S  S  H  T  N  J  M  N  A  D  O  H
M  A  I  G  E  T  A  R  T  S  L  U  I  F
R  N  F  T  U  R  N  A  M  E  N  I  Z  K
E  G  J  A  I  I  S  Z  N  D  U  I  W  H
P  E  N  G  O  R  B  A  N  A  N  E  Z  M
```

| | |
|---|---|
| LAWAN | POIN |
| PUTIH | RAJA |
| JUARA | RATU |
| KONTES | ATURAN |
| DIAGONAL | PENGORBANAN |
| PEMAIN | TANTANGAN |
| PERMAINAN | STRATEGI |
| CERDIK | WAKTU |
| HITAM | TURNAMEN |
| PASIF | |

# 2 - Salute e Benessere #2

```
K E B E R S I H A N K V R D
Z D W V I T A M I N A P U E
T U B U H A R A D K L X M H
P E N Y A K I T B T O B A I
P E N C E R N A A N R E H D
A S X P F O M N K W I R S R
F L F G V G I Z I I S A A A
P S E D J J M G T V K T K S
I O E R T A O U R W E I I I
J P H H G F T T Z E F Z T K
A L L Q A I A K J K N P Y W
T T M B A T N T A H I E A G
Z X Y Z A S A K I T E N E G
N A F S U M A K A N D I E T
```

ALERGI
ANATOMI
NAFSU MAKAN
KALORI
TUBUH
DIET
PENCERNAAN
DEHIDRASI
ENERGI
GENETIKA

KEBERSIHAN
INFEKSI
PENYAKIT
PIJAT
GIZI
RUMAH SAKIT
BERAT
DARAH
SEHAT
VITAMIN

# 3 - Aggettivi #2

```
R  U  E  C  D  D  F  D  O  F  M  E  N  H
D  O  L  X  R  E  J  R  T  U  E  Z  I  P
S  T  E  C  A  S  V  F  N  T  N  I  S  A
K  C  G  M  M  K  S  V  F  G  A  M  V  G
W  T  A  B  A  R  R  I  F  E  R  U  T  G
P  I  N  A  T  I  L  S  A  F  I  J  K  N
B  A  R  R  I  P  P  W  M  A  K  U  T  A
I  N  N  U  S  T  L  A  P  A  R  I  E  B
N  N  T  A  F  I  T  A  E  R  K  X  R  R
B  F  E  I  S  F  I  A  L  A  M  I  K  R
I  I  P  R  O  D  U  K  T  I  F  N  E  P
L  P  A  S  E  H  A  T  U  A  I  R  N  H
E  D  T  S  I  N  A  M  X  J  H  U  A  V
D  F  N  X  A  K  E  R  I  N  G  M  L  S
```

| | |
|---|---|
| LAPAR | KUAT |
| KERING | MENARIK |
| ASLI | ALAMI |
| PANAS | BIASA |
| KREATIF | BARU |
| DESKRIPTIF | BANGGA |
| MANIS | PRODUKTIF |
| DRAMATIS | MURNI |
| ELEGAN | ASIN |
| TERKENAL | SEHAT |

# 4 - Pesca

```
M F Z U J Y B E K B K P K P
U A N A D Q Y E A E E E E M
N D S J I R L L I R S R R U
O S I A T N A P T L A A A S
Y S S D K I U P U E B L N I
Z V P T H Q T B H B A A J M
I N S A N G V H W I R T A F
S P E R A H U N M H A A N G
S U M E Z D R B L A N N G Q
M I N B P H A A V N Y A D P
K J R G W R H S C O M P X M
D W F I A F A D S O P M E Z
J E N M P I N E G M R U J P
R A I R I L G K A W A T P T
```

AIR                  KAIT
PERALATAN            DANAU
PERAHU               RAHANG
INSANG               LAUT
KERANJANG            KESABARAN
MASAK                BERAT
BERLEBIHAN           SIRIP
UMPAN                PANTAI
KAWAT                MUSIM
SUNGAI

# 5 - Ingegneria

```
J C Y S P R O P U L S I K K
D T H P U D O Y X F I I E A
O X K X S M I O N Y S G K L
S U D U T D B A K A K K U K
R W B Y G V D U M I U T A U
Y T Y W T J I T G E R P T L
S Q U I G R E N E T T L A A
M P G S C I S Q R U S E N S
A E B Z X A E G A A N M R I
R L S S Y C L Y K S O U F Z
G W E I R O T A S I K Y B A
A W W C N A M A L A D E K K
I I C C P E N G U K U R A N
D S T A B I L I T A S R V Q
```

SUDUT
SUMBU
KALKULASI
KONSTRUKSI
DIAGRAM
DIAMETER
DIESEL
ENERGI
KEKUATAN

TUAS
CAIR
MESIN
PENGUKURAN
GERAK
KEDALAMAN
PROPULSI
ROTASI
STABILITAS

# 6 - Archeologia

```
E  E  Q  R  T  P  O  M  A  K  A  M  P  K
K  U  I  L  K  R  Y  L  E  H  U  N  E  E
A  E  K  C  A  O  L  Q  N  D  L  O  R  T
G  J  J  G  C  F  G  I  T  I  I  I  A  U
K  H  J  B  E  E  M  K  B  L  S  R  D  R
D  U  G  Q  O  S  N  K  T  U  O  E  A  U
I  M  N  T  I  O  T  I  M  P  F  T  B  N
K  R  A  O  P  R  Q  T  G  A  V  S  A  A
E  M  L  F  U  B  L  I  I  K  G  I  N  N
T  Z  U  Y  S  W  A  L  L  A  K  M  A  X
A  L  T  E  K  I  L  E  R  N  P  S  M  I
H  S  I  S  I  L  A  N  A  B  Y  T  A  F
U  S  Q  G  D  S  M  E  K  U  A  T  Z  I
I  G  J  K  Y  P  W  P  C  F  F  E  A  G
```

| | |
|---|---|
| ANALISIS | OBJEK |
| KUNO | TULANG |
| PERADABAN | PROFESOR |
| DILUPAKAN | RELIK |
| KETURUNAN | PENELITI |
| ZAMAN | DIKETAHUI |
| AHLI | TIM |
| FOSIL | KUIL |
| MISTERI | MAKAM |

# 7 - Salute e Benessere #1

```
R  K  J  P  T  O  R  I  T  F  K  N  X  X
I  I  L  Q  K  T  X  T  I  W  K  A  D  D
H  F  N  I  U  W  C  O  N  A  U  A  W  E
K  A  A  A  N  V  B  B  G  D  L  I  T  W
E  R  T  Q  K  I  S  A  G  C  I  G  Z  L
B  M  A  A  L  T  K  T  I  J  T  O  T  O
I  A  B  I  P  C  I  P  A  R  E  T  B  N
A  S  O  S  A  J  D  F  A  R  A  S  V  J
S  I  G  A  K  A  O  B  A  K  T  E  R  I
A  C  N  U  I  S  K  E  L  F  E  R  H  O
A  V  E  J  S  E  T  T  V  I  R  U  S  Z
N  U  P  S  G  I  E  X  A  K  I  W  O  F
T  N  V  N  O  M  R  O  H  N  R  H  L  H
K  E  L  A  P  A  R  A  N  Z  N  M  H  J
```

| | |
|---|---|
| KEBIASAAN | OTOT |
| TINGGI | SARAF |
| AKTIF | HORMON |
| BAKTERI | KULIT |
| KLINIK | SIKAP |
| KELAPARAN | REFLEKS |
| FARMASI | TERAPI |
| PATAH | PENGOBATAN |
| OBAT | VIRUS |
| DOKTER | |

# 8 - Aggettivi #1

```
K  D  M  F  B  M  C  O  T  O  L  R  J  P
A  G  J  E  E  R  K  H  G  S  A  T  U  E
L  M  A  N  R  U  P  M  E  S  M  M  J  N
T  O  B  Z  A  Q  I  Z  P  I  B  O  U  T
U  F  S  I  T  O  S  K  E  P  A  N  R  I
M  Q  B  X  S  K  I  T  S  I  T  R  A  N
D  X  B  Q  R  I  Y  E  S  T  N  E  G  G
X  A  H  Z  M  T  U  M  U  D  A  D  R  N
S  E  L  L  A  N  B  S  H  T  N  O  A  A
U  M  W  A  A  E  H  E  G  W  V  M  H  J
Q  X  J  K  M  D  I  V  S  J  E  X  R  N
A  K  T  I  F  I  J  X  S  A  V  V  E  A
Y  A  R  O  M  A  T  I  K  I  R  L  B  P
Q  R  D  E  R  M  A  W  A  N  O  F  I  P
```

| | |
|---|---|
| AMBISIUS | PENTING |
| AROMATIK | LAMBAT |
| ARTISTIK | PANJANG |
| MUTLAK | MODERN |
| AKTIF | JUJUR |
| BESAR | SEMPURNA |
| EKSOTIS | BERAT |
| DERMAWAN | BERHARGA |
| MUDA | DALAM |
| IDENTIK | TIPIS |

# 9 - Geologia

```
F O S I L A R E N I M S X L
K L A W G X A Z U X M X J A
L R S T A L A K T I T I Y P
A G I M U B A P M E G M V I
H E G S S T A L A G M I T S
A Y B U T W D D K N A A I A
R S A G A A F E E A R G S N
T E T D I P L F M R A V O A
Q R U O K U A R S A G T R G
Y H B E N U A M W K X Q E P
K A L S I U M Z O N A Q V G
G U N U N G B E R A P I K N
K Z Q O R I U X U E X W V H
C M X Y B N F D N C U Q K E
```

| | |
|---|---|
| ASAM | MINERAL |
| KALSIUM | BATU |
| GUA | KUARSA |
| BENUA | GARAM |
| KARANG | STALAGMIT |
| KRISTAL | STALAKTIT |
| EROSI | LAPISAN |
| FOSIL | GEMPA BUMI |
| GEYSER | GUNUNG BERAPI |
| LAHAR | ZONA |

# 10 - Campeggio

```
I  F  O  S  B  F  X  A  A  K  I  F  C  V
D  Y  I  M  R  I  H  Q  N  L  N  M  N  D
K  O  M  P  A  S  N  K  R  K  A  B  I  N
H  I  R  G  I  L  X  A  T  U  T  Z  I  O
A  H  P  R  K  L  A  N  T  A  U  R  E  H
D  A  N  A  U  T  V  U  O  A  H  D  P  O
N  K  C  O  X  A  F  T  A  Y  N  N  E  P
E  W  V  S  N  L  D  O  J  H  A  G  R  O
T  V  U  K  F  I  R  P  V  I  D  L  A  G
B  E  R  B  U  R  U  I  P  A  M  M  L  U
W  G  D  A  G  G  N  A  R  E  S  D  A  N
B  U  L  A  N  D  C  E  I  N  T  X  T  U
P  E  T  U  A  L  A  N  G  A  N  A  A  N
G  B  Q  K  A  N  O  O  O  I  M  F  N  G
```

POHON

BINATANG

PERALATAN

PETUALANGAN

KOMPAS

KABIN

BERBURU

KANO

TOPI

TALI

HUTAN

API

SERANGGA

DANAU

BULAN

PETA

GUNUNG

ALAM

TENDA

# 11 - Arti Visive

```
M  P  E  R  S  P  E  K  T  I  F  W  L  A
P  A  X  U  K  O  M  P  O  S  I  S  I  A
E  D  H  P  A  R  T  I  S  W  V  Z  J  O
N  P  N  A  A  R  S  I  T  E  K  T  U  R
Y  N  G  K  K  Q  F  P  F  J  M  D  M  N
A  T  F  X  N  A  U  Z  O  L  I  L  I  N
N  A  N  A  H  Y  R  L  T  A  R  A  N  G
G  I  V  V  B  Z  T  Y  O  F  F  X  A  P
G  L  E  J  N  H  F  S  A  E  F  O  S  E
A  H  V  T  L  W  L  I  S  N  E  P  I  R
P  A  T  U  N  G  P  Z  L  P  H  M  K  N
M  N  K  I  M  A  R  E  K  M  X  H  U  I
C  A  T  Z  O  D  W  L  N  S  S  Y  L  S
V  T  E  R  T  O  P  H  H  A  Z  M  G  Z
```

ARSITEKTUR
TANAH LIAT
ARTIS
MAHAKARYA
ARANG
PENYANGGA
LILIN
KERAMIK
KOMPOSISI
FILM

FOTO
KAPUR
PENSIL
PENA
LUKISAN
PERSPEKTIF
POTRET
PATUNG
PERNIS

# 12 - Tempo

```
U  M  K  Q  W  R  Y  J  Y  I  F  T  P  Y
U  A  L  G  V  G  N  A  N  U  H  A  T  G
O  L  U  G  G  N  I  M  N  H  P  H  A  L
P  A  M  A  S  A  D  E  P  A  N  U  A  R
F  M  P  A  G  I  B  I  F  G  I  N  S  N
S  Q  A  Q  H  S  R  N  G  I  R  A  H  U
B  E  W  C  L  S  F  I  Z  K  A  D  G  S
B  B  G  S  M  E  N  I  T  J  M  E  E  E
E  U  H  E  E  W  N  R  F  U  E  M  U  T
S  P  L  Z  R  B  G  A  R  S  K  L  N  E
S  I  M  A  Z  A  E  H  H  R  R  F  G  L
U  D  M  U  N  P  A  L  V  X  W  R  N  A
K  A  L  E  N  D  E  R  U  A  B  A  D  H
D  A  S  A  W  A  R  S  A  M  K  C  O  Z
```

| | |
|---|---|
| TAHUN | SIANG |
| TAHUNAN | MENIT |
| KALENDER | SAAT |
| DASAWARSA | MALAM |
| SETELAH | HARI INI |
| MASA DEPAN | JAM |
| HARI | SEGERA |
| KEMARIN | SEBELUM |
| PAGI | ABAD |
| BULAN | MINGGU |

# 13 - Astronomia

```
G O K X O N I U Q E O S A L
W B O X L P E C P P P G S Q
V S N R I O Z B A R K R T Y
L E S C A K H J U U V A R S
F R T D V S N O N L C V O W
B V E R O E T E M E A I N K
G A L K N L E E W O E T O R
A T A O R E N L R O Y A M O
L O S S E T A A U O O S C K
A R I M P B L N F I I I O E
K I X O U U P G F O O D Z T
S U P S S L R I S A I D A R
I M U B I A T T L T F Z X N
X U Q F M N A S T R O N O T
```

ASTEROID
ASTRONOT
ASTRONOM
LANGIT
KOSMOS
KONSTELASI
EQUINOX
GALAKSI
GRAVITASI
BULAN

METEOR
NEBULA
OBSERVATORIUM
PLANET
RADIASI
ROKET
SUPERNOVA
TELESKOP
BUMI

# 14 - Circo

```
J  Q  V  A  L  A  Z  A  H  G  B  J  X  D
R  U  B  I  H  G  N  E  M  X  I  B  G  C
M  J  G  L  Z  N  O  T  N  O  N  E  P  T
P  U  L  G  J  I  F  M  N  T  A  T  E  P
Q  B  S  J  L  S  A  G  Z  I  T  I  R  S
G  T  H  I  T  E  Y  N  O  M  A  K  Q  I
J  A  X  E  K  B  R  E  E  O  N  E  W  H
V  B  J  D  U  A  O  M  J  R  G  T  L  I
T  O  M  A  Q  L  H  R  B  A  D  U  T  R
M  R  U  R  H  O  N  E  T  E  N  D  A  Q
E  K  T  A  E  N  O  P  A  L  U  S  E  P
M  A  S  P  E  K  T  A  K  U  L  E  R  L
U  P  O  R  Q  H  A  R  I  M  A  U  R  Y
U  Z  K  M  O  D  F  M  T  D  Q  H  J  F
```

| | |
|---|---|
| AKROBAT | SIHIR |
| BINATANG | PESULAP |
| TIKET | MUSIK |
| PERMEN | BALON |
| BADUT | PARADE |
| KOSTUM | MONYET |
| GAJAH | SPEKTAKULER |
| JUGGLER | PENONTON |
| MENGHIBUR | TENDA |
| SINGA | HARIMAU |

# 15 - Algebra

```
T  E  N  O  M  O  R  C  M  S  M  F  K  O
A  K  K  C  W  S  W  E  R  O  A  R  U  V
K  C  S  S  D  G  U  D  U  L  T  A  R  M
T  Y  N  K  P  I  K  L  M  U  R  K  U  J
E  T  D  K  B  O  V  G  U  S  I  S  N  I
R  S  A  L  A  H  N  I  S  I  K  I  G  J
B  Q  T  D  B  A  D  E  S  M  S  O  H  U
A  U  P  I  G  R  A  E  N  I  L  K  G  M
T  R  H  A  L  A  S  A  M  E  B  V  R  L
A  N  A  G  N  A  R  U  G  N  E  P  A  A
S  O  C  R  O  T  K  A  F  B  F  B  F  H
N  S  N  A  A  M  A  S  R  E  P  V  I  Q
W  O  H  M  V  A  R  I  A  B  E  L  K  P
O  S  L  W  X  F  J  K  Q  P  H  C  N  T
```

DIAGRAM
DIVISI
PERSAMAAN
EKSPONEN
SALAH
FAKTOR
RUMUS
FRAKSI
GRAFIK
TAK TERBATAS

LINEAR
MATRIKS
NOMOR
KURUNG
MASALAH
SOLUSI
JUMLAH
PENGURANGAN
VARIABEL
NOL

# 16 - Mitologia

```
P  E  N  C  I  P  T  A  A  N  R  P  K  T
I  W  N  P  O  L  A  D  A  S  A  R  E  L
N  G  X  A  A  N  A  C  N  E  B  K  A  X
Y  T  I  C  H  I  Y  Q  A  N  B  Q  B  V
V  B  K  E  K  U  A  T  A  N  F  D  A  N
T  X  W  M  M  N  D  J  S  A  W  E  D  L
K  E  C  E  M  B  U  R  U  A  N  W  I  E
M  G  O  C  D  G  B  U  U  S  N  A  A  G
A  A  A  E  R  Y  R  T  A  A  R  A  N  E
H  C  K  I  W  I  I  N  B  K  T  O  F  N
V  X  O  H  B  Y  T  U  Q  A  X  M  A  D
T  O  L  R  L  B  E  G  Q  R  C  O  G  A
L  I  X  X  W  U  P  A  H  L  A  W  A  N
F  L  F  F  W  R  K  P  E  J  U  A  N  G
```

| | |
|---|---|
| POLA DASAR | KECEMBURUAN |
| MAKHLUK | PEJUANG |
| PENCIPTAAN | KEABADIAN |
| BUDAYA | LEGENDA |
| BENCANA | GAIB |
| DEWA | FANA |
| PAHLAWAN | RAKASA |
| KEKUATAN | GUNTUR |
| PETIR | |

# 17 - Piante

```
R O K B W E T N I M L I Z F
X U A I C I K U P U P A V C
Z B M W T N A N U A D E D V
L M E P Y H K H U T A N R E
O A S X U H T E A B G B R G
U B O M O T U M U L N C Q E
Z G W C L A S R K B U R K T
P O H O N K W F A I B L E A
Z W U U U A G L C N V O L S
H D K Y B R H O A A U Y O I
I L C I E M S R N T I R P R
J R D C K W U A G O M R A X
J V G V I W M T T B Q E K H
T X I O Q D S Q H P H B O L
```

| | |
|---|---|
| POHON | PUPUK |
| BERRY | BUNGA |
| BAMBU | FLORA |
| BOTANI | DEDAUNAN |
| KAKTUS | HUTAN |
| SEMAK | KEBUN |
| TUMBUH | LUMUT |
| IVY | KELOPAK |
| RUMPUT | AKAR |
| KACANG | VEGETASI |

# 18 - Spezie

```
V K E T U M B A R P J A K B
C X C S L W K S F A G K U A
J C I P I X Z H E H A J N W
H W R G E N O K W I H Y Y A
B O O J H Y A I Y T D C I N
E L C B X M S S I N A M T G
U C I O I J I I R A K Z K P
K N L C Z L O N E T N I J U
G O X N P D N A D A L P P T
N A L K U W L M D S G K A I
A B R A G A L U P A K I L H
W K L A U S D Y J R S M A O
A I F Z M L E A L I N A V C
B B N V I R A K I R P A P R
```

BAWANG PUTIH
PAHIT
ANISE
KAYU MANIS
KAPULAGA
BAWANG
KETUMBAR
JINTEN
KARI
MANIS

ADAS
RASA
LICORICE
PALA
PAPRIKA
LADA
GARAM
VANILA
KUNYIT
JAHE

# 19 - Numeri

```
D D W E E M P A T B E L A S
E U L U N D U A P U L U H A
L A B D S A L E B A M I L L
A S Y E U O M A N E J J U E
P D E B V A X B E M P A T B
A E R M C O B Q E L G K A H
N S Y C B S H E D L O N S U
B I X H M I U L L C A I N J
E M T I G A L X Q A M S L U
L A W P U L U A H P S X S T
A L O S I T P D N T U J U H
S E D Y Y I E L S U F Z H W
J O J N I B S D E L A P A N
T I G A B E L A S L I M A C
```

| | |
|---|---|
| LIMA | EMPAT |
| DESIMAL | LIMA BELAS |
| TUJUH BELAS | ENAM BELAS |
| DELAPAN BELAS | ENAM |
| SEPULUH | TUJUH |
| DUA BELAS | TIGA |
| DUA | TIGA BELAS |
| SEMBILAN | SATU |
| DELAPAN | DUA PULUH |
| EMPAT BELAS | NOL |

# 20 - Cioccolato

```
K G X I H D I F G N A C A K
K A Y D Z P V Z X A N B M A
U P R M A N I S O H T U O R
A A S A R N D O R A I B R T
L L M X M M V U X B O U A I
I E X R N E M R E P K K E S
T K N D L P L L M E S F K A
A G U L A E A M H S I D S N
S K A K A O Z H B E D A O A
F A V O R I T A I R A Q T L
O O C N U C O V T T N N I A
L W X Z X T H T Y J H D S L
P X V J U D V I V P W A F K
H F W Y Y H E K A L O R I F
```

| | |
|---|---|
| PAHIT | MANIS |
| ANTIOKSIDAN | EKSOTIS |
| KACANG | RASA |
| AROMA | BAHAN |
| ARTISANAL | KELAPA |
| KAKAO | BUBUK |
| KALORI | FAVORIT |
| PERMEN | KUALITAS |
| KARAMEL | RESEP |
| LEZAT | GULA |

# 21 - Guida

```
P  O  L  I  S  I  O  Z  B  L  V  P  V  X
M  O  T  O  R  A  K  A  B  N  A  H  A  B
C  N  J  A  L  A  N  A  Q  S  I  B  X  I
V  A  P  O  N  A  T  A  P  E  C  E  K  S
B  G  F  R  B  Y  K  L  Z  P  P  E  T  A
G  N  R  E  M  B  A  I  W  E  U  G  L  T
M  O  B  I  L  A  G  A  S  D  K  A  I  R
V  W  D  P  Z  H  W  E  A  A  E  R  S  O
D  O  Z  Q  Y  A  D  J  Q  M  A  A  E  P
Q  R  J  N  H  Y  G  U  L  O  M  S  N  S
K  E  B  T  S  A  P  I  K  T  A  I  S  N
X  T  I  L  K  G  B  Y  G  O  N  L  I  A
I  K  F  P  W  Z  Z  H  L  R  A  P  T  R
K  E  C  E  L  A  K  A  A  N  N  O  M  T
```

| | |
|---|---|
| MOBIL | SEPEDA MOTOR |
| BIS | MOTOR |
| BAHAN BAKAR | BAHAYA |
| REM | POLISI |
| GARASI | KEAMANAN |
| GAS | JALAN |
| KECELAKAAN | TRANSPORTASI |
| LISENSI | TEROWONGAN |
| PETA | KECEPATAN |

# 22 - I Media

```
D  I  G  I  T  A  L  Q  J  V  X  I  P  C
F  H  F  O  T  O  T  A  P  A  D  N  E  P
A  L  D  N  L  B  B  X  O  G  L  D  N  R
K  W  L  A  M  O  I  D  A  R  L  U  D  S
T  T  A  K  S  Z  K  W  F  U  A  S  A  L
A  E  I  I  W  Q  W  A  K  D  U  T  N  U
S  X  S  D  G  Z  H  L  L  I  T  R  A  M
J  A  R  I  N  G  A  N  E  V  K  I  A  U
C  V  E  D  I  K  D  N  D  I  E  L  N  M
L  S  M  N  R  O  O  Y  I  D  L  Z  A  H
W  Y  O  E  A  R  I  V  S  N  E  X  T  N
X  I  K  P  D  A  X  A  I  I  T  U  A  Y
R  J  P  L  Z  N  Y  N  U  S  N  T  O  G
K  O  M  U  N  I  K  A  S  I  I  M  A  W
```

| | |
|---|---|
| KOMERSIAL | INDUSTRI |
| KOMUNIKASI | INTELEKTUAL |
| DIGITAL | LOKAL |
| EDISI | DARING |
| PENDIDIKAN | PENDAPAT |
| FAKTA | IKLAN |
| PENDANAAN | UMUM |
| FOTO | RADIO |
| KORAN | JARINGAN |
| INDIVIDU | |

# 23 - Forza e Gravità

```
S  X  W  B  G  K  P  S  I  T  J  I  V  T
I  P  K  W  E  K  R  G  U  M  X  S  Y  E
B  E  W  G  S  B  O  Q  D  M  I  F  S  K
O  A  M  C  E  M  P  F  U  A  B  A  I  A
P  R  H  A  K  T  E  I  D  F  M  U  S  N
U  P  B  K  A  A  R  G  L  T  P  P  N  A
S  P  H  I  N  U  T  K  A  W  E  I  A  N
A  L  M  S  T  O  I  A  S  P  N  E  P  K
T  A  D  I  A  R  J  R  R  X  E  O  S  K
J  N  X  F  R  T  X  A  E  G  M  M  K  I
D  E  W  K  S  E  P  M  J  V  K  U  O  E  V
Y  T  N  T  B  S  E  S  I  M  A  N  I  D
G  E  R  A  K  J  P  W  N  Y  N  Y  Q  W
M  E  K  A  N  I  K  A  U  B  E  O  Z  O
```

| | |
|---|---|
| SUMBU | GERAK |
| GESEKAN | ORBIT |
| PUSAT | BERAT |
| DINAMIS | PLANET |
| JARAK | TEKANAN |
| EKSPANSI | PROPERTI |
| FISIKA | PENEMUAN |
| DAMPAK | WAKTU |
| MEKANIKA | UNIVERSAL |

# 24 - Caffè

```
S U S U T Z V M A C I Y I F
L X A M K P L I S A I R A V
N F H I T A M N A N M Z R W
F R Z R T I I U M G A I R V
U T F K Z R H M U K K G B D
H P X O P U K A A I K H K H
K G I U Y R N N P R Y D P A
S A R I N G N A G G N A P R
K S F I A Q C M K A X W J G
E A A W A T J O K S Q P Y A
F R F U T C E R O A K A J I
B F U E V H T A L L U G L J
Q P K J I G U L A M U I I J
U H I Q G N I L I G G N E M
```

ASAM
AIR
PAHIT
AROMA
PANGGANG
MINUMAN
KAFEIN
KRIM
SARING
RASA

SUSU
CAIR
MENGGILING
PAGI
HITAM
ASAL
HARGA
CANGKIR
VARIASI
GULA

# 25 - Uccelli

```
T K P F M E L A N G Y C G T
O P E Z L E B E B E K U X H
U W N O Y A R A Y A M C Z W
C T G A N H M P G M M K B S
A E U A A X Z I A U J O U I
N L I R A N E K N T L O R B
L U N B A E A F E G I L U A
Q R E D D C S C Z X O Z N N
B B U R U N G P I P I T G G
U M Y L Q N N U K T N P B A
L E O B A K A C T T A W E U
U R B U R U N G U N T A O Q
N A K I L E P L C Q V S M D
P K B U R U N G H A N T U K
```

| | |
|---|---|
| BEBEK | BURUNG BEO |
| ELANG | BURUNG PIPIT |
| KENARI | MERAK |
| BANGAU | PELIKAN |
| ANGSA | PENGUIN |
| MERPATI | BULU |
| CUCKOO | AYAM |
| FLAMINGO | BURUNG UNTA |
| GULL | TOUCAN |
| BURUNG HANTU | TELUR |

# 26 - Giorni e Mesi

```
F Z C V H K B M K F K O P G
A O R E G Y Z P L D D A C M
K A L E N D E R U T A M U J
N O V E M B E R W A Z B H W
M A R E T S A I E H A Y G G
O S E K Y T I R A U R B E F
K E B B N C L A P N T Y O S
T P M U O M U U V H D B R U
O T E L B N J N I G M H A T
B E S A S A S A L E S J Y S
E M E N M E R J F I Q U R U
R B D U G G N I M I E N S G
X E P R H A L I R P A I G A
F R J B R H F G N B Y H U W
```

AGUSTUS      SENIN
TAHUN        SELASA
APRIL        MARET
KALENDER     RABU
DESEMBER     BULAN
MINGGU       NOVEMBER
FEBRUARI     OKTOBER
JANUARI      SABTU
JUNI         SEPTEMBER
JULI         JUMAT

# 27 - Casa

```
P  S  P  L  V  V  D  O  X  L  Y  O  I  P
E  A  R  A  G  A  P  I  S  A  R  A  G  E
R  P  G  N  E  T  O  L  I  N  Q  L  N  R
P  U  G  T  K  N  F  L  D  G  M  E  I  A
U  T  L  A  C  E  U  T  N  I  P  D  D  P
S  H  V  I  J  I  R  P  A  T  F  N  N  I
T  D  K  E  B  U  N  A  M  L  Z  E  I  A
A  C  A  B  B  P  A  A  N  A  N  J  D  N
K  E  M  P  F  R  G  T  V  N  L  W  Y  O
A  R  X  J  U  E  N  A  A  G  E  N  T  B
A  M  R  M  N  R  A  P  O  I  S  O  N  B
N  I  V  I  Z  F  U  V  R  T  N  P  V  L
E  N  E  E  E  S  R  E  W  Q  M  U  C  C
K  A  R  P  E  T  V  Y  E  B  S  J  V  Y
```

LOTENG
PERPUSTAKAAN
RUANGAN
PERAPIAN
DAPUR
MANDI
JENDELA
GARASI
KEBUN
LAMPU

DINDING
LANTAI
PINTU
PAGAR
KERAN
SAPU
LANGIT-LANGIT
CERMIN
KARPET
ATAP

# 28 - Fantascienza

```
R  C  R  P  I  D  U  P  O  K  S  O  I  B
M  E  R  T  S  K  E  I  G  R  B  X  R  J
D  A  A  P  U  A  R  N  A  K  A  D  E  L
U  T  S  L  L  O  I  M  X  S  Z  C  G  A
N  O  P  M  I  D  R  N  T  O  O  G  L  R
I  M  D  X  X  S  U  G  E  D  J  R  M  E
A  G  V  N  K  K  T  E  N  A  L  P  T  N
G  A  L  A  K  S  I  I  R  M  O  W  O  I
D  I  S  T  O  P  I  A  S  G  A  I  B  J
F  U  T  U  R  I  S  T  I  K  U  W  O  A
F  Q  D  R  A  A  P  I  B  B  O  H  R  M
F  A  N  T  A  S  T  I  S  K  U  R  S  I
T  E  K  N  O  L  O  G  I  F  I  K  R  K
U  T  O  P  I  A  R  U  N  F  E  R  U  F
```

| | |
|---|---|
| ATOM | IMAJINER |
| BIOSKOP | BUKU |
| DISTOPIA | GAIB |
| LEDAKAN | DUNIA |
| EKSTREM | ORACLE |
| FANTASTIS | PLANET |
| API | REALISTIS |
| FUTURISTIK | ROBOT |
| GALAKSI | TEKNOLOGI |
| ILUSI | UTOPIA |

# 29 - Città

```
V H B T V R P O K S O I B P
W H A O A E E A O D G K I L
T O N K F S R S T A D I O N
X T D O Q T P X A W L F R R
A E A R J O U K U B O K O T
G L R O K R S K L I N I K E
I A A T T A T F M H F V O S
S X L I U N A L D U W D T D
A E G E V E K O W G E N P P
M Y K B R F A R G P A S A R
R D Y O V I A I B A N K U M
A E I L L P N S N Q B L C M
F F R E T A E T D Q F J Y T
K I U O C Y H T I F S C W N
```

| | |
|---|---|
| BANDARA | TOKO BUKU |
| BANK | PASAR |
| PERPUSTAKAAN | MUSEUM |
| BIOSKOP | TOKO |
| KLINIK | TOKO ROTI |
| FARMASI | RESTORAN |
| FLORIST | SEKOLAH |
| GALERI | STADION |
| HOTEL | TEATER |

# 30 - Fattoria #1

```
B C Z S J I E N H P D V E X
E J V R X E I I U H O Q V I
T A P P S J J G N Q Y X L W
I O I A D E L E K J G X U Y
S W M R S C M I U G L Q D J
G H A A C N X I P H N K E Z
N Z R K K F V Y U A A D U K
T F E U O H K W P N S B K Q
P W J K U C I N G J I B E K
N A I N A T R E P I P I V L
A Z G N I B M A K N A D Y B
Y J N A N A W A K G S A D J
A V X E R B A B I H I N E B
M J Z G S A Y A N G P G B Z
```

| | |
|---|---|
| AIR | KUCING |
| PERTANIAN | KAWANAN |
| LEBAH | BABI |
| KELEDAI | SAYANG |
| BIDANG | SAPI |
| ANJING | AYAM |
| KAMBING | PAGAR |
| KUDA | NASI |
| PUPUK | BENIH |
| JERAMI | BETIS |

# 31 - Psicologia

```
K O G N I S I M G D T A E K
B B G T J W E X W B E L M E
M K R W N T D K R T R P O P
P I R E A L I T A S A E S R
E L M E J A S E D I P N I I
N F J P G F P D A F I G S B
G N T B I O E Y S P N A E A
A O J K X Z S S H E T R N D
L K D P T T R E A R D U S I
A G K H S Y E P W I L H A A
M L O F I F P E A L A Z S N
A K L I N I S F B A A P I R
N A R I K I P A U K F G N A
I N M A S A L A H U U H U X
```

JANJI
KLINIS
KOGNISI
PERILAKU
KONFLIK
EGO
EMOSI
PENGALAMAN
IDE
BAWAH SADAR

PENGARUH
PIKIRAN
PERSEPSI
KEPRIBADIAN
MASALAH
REALITAS
SENSASI
MIMPI
TERAPI

# 32 - Paesaggi

```
B U K I T A T G U N U N G T
F K C W U R I U J D K N C W
I K T F A A F R N H F Y J F
Q V R R L W G E T D G B G T
G U R U N A U S X E R A V A
S V S L I R N T G I R A U G
E U A N A D U E R M X J O V
N F N R T D N L V H N W U T
U R B G N U G G O A S I S N
D P V J A B E O J B X R X G
C O T D P I S W K M C S B P
S O V X Z A J G R E S Y E G
P U L A U A V W J L H E D K
I S E M E N A N J U N G W L
```

AIR TERJUN  
BUKIT  
GURUN  
DUNES  
SUNGAI  
GEYSER  
GLETSER  
GUA  
GUNUNG ES  
PULAU  

DANAU  
LAUT  
GUNUNG  
OASIS  
RAWA  
SEMENANJUNG  
PANTAI  
TUNDRA  
LEMBAH

# 33 - Energia

```
I  M  R  A  K  A  B  N  A  H  A  B  I  T
H  E  S  A  N  A  P  E  Y  F  H  G  N  R
F  S  R  I  O  O  B  J  N  N  Z  M  D  K
F  I  M  O  B  T  R  Z  C  S  V  J  U  E
L  N  J  C  R  U  L  T  Z  H  I  J  S  E
E  I  E  S  A  R  I  L  K  U  N  N  T  N
S  S  N  P  K  B  M  K  N  E  M  K  R  T
E  U  I  G  K  I  R  T  S  I  L  I  I  R
I  L  G  H  K  N  O  T  O  F  T  E  M  O
D  O  N  A  K  U  R  A  B  R  E  T  R  P
T  P  A  G  F  V  N  M  S  U  L  Y  C  I
B  A  T  E  R  A  I  G  M  D  Q  T  N  S
G  F  L  K  Q  L  N  P  A  U  V  T  O  Q
H  I  D  R  O  G  E  N  O  N  H  I  I  F
```

| | |
|---|---|
| LINGKUNGAN | FOTON |
| BATERAI | HIDROGEN |
| BENSIN | INDUSTRI |
| PANAS | POLUSI |
| KARBON | MESIN |
| BAHAN BAKAR | NUKLIR |
| DIESEL | TERBARUKAN |
| LISTRIK | TURBIN |
| ELEKTRON | UAP |
| ENTROPI | ANGIN |

# 34 - Ristorante #2

```
R P U S D V Q C F S I Z B F
E E W M H Q C M E F S Z M M
M L L D A L A S G A R P U E
P A K R U L I N A R U Y A S
A Y P C B X A I R O K R B S
H A A S B N A M U N I M M I
R N H H Q K O D N E S G W K
E M A G N A I S N A K A M A
M V H R T U I P A L K R C N
P Z R V D E O O Y L C A B F
A K K V L W L A F I T M M I
H N L E Z A T U N G A P R D
A I R L U D Z R R K C Z O D
N Y B Z Q K P E M B U K A L
```

AIR
PEMBUKA
MINUMAN
PELAYAN
MAKAN MALAM
SENDOK
LEZAT
GARPU
BUAH
ES

SALAD
SUP
IKAN
MAKAN SIANG
GARAM
KURSI
REMPAH-REMPAH
KUE
TELUR
SAYURAN

# 35 - Moda

```
S  I  I  N  P  M  K  I  T  U  B  D  A  M
B  E  F  A  K  R  H  A  D  N  E  R  A  H
A  M  D  G  X  K  A  H  I  G  G  N  A  C
S  K  Z  E  Z  T  Y  K  S  N  P  A  L  P
L  H  Y  L  R  P  A  Y  T  A  S  M  O  S
I  L  G  E  T  H  G  J  F  I  M  A  P  I
M  O  D  E  R  N  A  K  L  A  S  Y  O  L
S  C  R  Y  J  Q  T  N  T  K  H  N  Q  A
C  L  Z  I  H  S  A  F  A  A  Y  Z  R  M
N  A  R  U  K  U  G  N  E  P  R  B  S  I
T  W  P  Q  I  P  N  S  U  L  A  M  A  N
K  E  C  E  N  D  E  R  U  N  G  A  N  I
C  T  E  K  S  T  U  R  M  P  D  J  P  M
T  O  M  B  O  L  A  H  A  M  M  F  N  C
```

| | |
|---|---|
| PAKAIAN | ASLI |
| BUTIK | RENDA |
| MAHAL | PRAKTIS |
| NYAMAN | TOMBOL |
| ELEGAN | SULAMAN |
| MINIMALIS | CANGGIH |
| PENGUKURAN | GAYA |
| POLA | KECENDERUNGAN |
| MODERN | KAIN |
| SEDERHANA | TEKSTUR |

# 36 - L'Azienda

```
O G B K B U R G W V S I R I
L L R U A I P Y R V G M E P
A O Q D L R A A T R E N P K
N B F O U T N N H A A E U E
O A P R E S E N T A S I T P
I L W P T U O K I S I R A U
S N B C T D L S R M K W S T
E A V Y N N A K W E F Y I U
F U D E W I U N I T A J Y S
O J J N S B M Z U A Q T S A
R A T S A T I L A U K G I N
P M D F N A A J R E K E P F
M E A U S W I S M W N N R U
L K X Z W J R T I J H G O X
```

KREATIF
KEPUTUSAN
GLOBAL
INDUSTRI
INVESTASI
PEKERJAAN
PRESENTASI
PRODUK

PROFESIONAL
KEMAJUAN
KUALITAS
REPUTASI
RISIKO
UPAH
TREN
UNIT

# 37 - Giardino

```
V Y U D G S P S F X W Q E A
G U L M A E U W E D U T A B
Y E H X N K V O N L P G K V
C D Q X O O G H V K A M E S
T E R A S P C B D P Y N Q A
T U P M U R R F Y R N U G T
G A R A S I A U G E E B X R
D Y G L W I P K K E M E R A
P H V O Z C T D K G W K V M
V A A K N E B E R A N D A P
I N G L M X T F X D O A R O
N A Q A G N U B W G H L B L
E T F D R A H C R O O C X I
I U D M P I Z T F J P L Q N
```

POHON          BERANDA
SEMAK          MENYAPU
RUMPUT         PAGAR
GULMA          BATU
BUNGA          KOLAM
ORCHARD        TANAH
GARASI         TERAS
KEBUN          TRAMPOLIN
SEKOP          SELANG
BANGKU         VINE

# 38 - Frutta

```
R  E  A  P  B  Y  W  R  S  A  X  B  U  F
A  N  O  M  E  L  M  E  L  O  N  E  J  C
S  I  W  I  K  R  U  G  G  N  A  R  P  Z
P  R  V  C  J  I  S  N  T  L  M  R  C  N
B  A  S  L  E  P  A  I  O  O  L  Y  C  A
E  T  U  T  R  E  Y  R  K  A  H  H  Y  N
R  C  M  F  U  D  A  E  I  L  I  U  A  A
R  E  Q  A  K  V  P  C  R  B  V  X  L  S
Y  N  I  F  N  F  E  I  P  K  Z  C  P  Z
W  K  B  L  T  G  P  D  A  C  D  B  U  M
N  Z  X  N  X  W  G  N  A  S  I  P  K  Y
Y  R  R  E  B  K  C  A  L  B  N  L  A  L
B  P  S  I  I  M  K  K  P  R  E  M  T  Q
T  B  P  V  C  O  B  C  A  Z  Z  D  F  N
```

| | |
|---|---|
| APRIKOT | MANGGA |
| NANAS | APEL |
| JERUK | MELON |
| ALPUKAT | BLACKBERRY |
| BERRY | NECTARINE |
| PISANG | PEPAYA |
| CERI | PIR |
| KIWI | PERSIK |
| RASPBERRY | PREM |
| LEMON | ANGGUR |

# 39 - Fattoria #2

```
O  J  T  S  X  L  A  A  S  B  E  B  E  K
R  E  U  S  K  A  B  S  A  K  O  I  A  T
C  L  P  H  I  R  I  G  A  S  I  N  N  L
H  A  M  A  L  L  R  O  S  G  Q  D  G  N
A  I  U  U  S  U  S  V  B  Q  G  B  S  G
R  T  R  B  D  G  F  U  K  F  E  E  A  U
D  G  G  B  I  N  A  T  A  N  G  E  I  D
T  E  N  D  P  A  A  T  B  P  N  H  T  A
R  M  A  K  F  T  X  G  M  K  U  I  E  N
A  B  D  Y  B  A  E  C  O  F  G  V  V  G
K  A  A  E  W  M  D  Y  D  A  A  E  Z  H
T  L  P  P  E  T  A  N  I  Y  J  L  C  L
O  A  W  D  U  Q  P  M  A  K  A  N  A  N
R  M  A  C  K  B  V  L  I  F  Q  Z  Q  N
```

| | |
|---|---|
| PETANI | LLAMA |
| BEEHIVE | SUSU |
| BEBEK | JAGUNG |
| BINATANG | MATANG |
| MAKANAN | ANGSA |
| GUDANG | JELAI |
| BUAH | GEMBALA |
| ORCHARD | DOMBA |
| GANDUM | PADANG RUMPUT |
| IRIGASI | TRAKTOR |

# 40 - Verdure

```
W W C B D D B E A K I K P B
Y B G V U B A L D A L A S A
B I E B M A W K F C E B A W
T A M O T Y A N N A S O R A
J E W N J A N U L N R L T N
B A E A W M G M L G E C I G
R I M W N U T I A Z T I C P
O C F U U G P T Q I E S H U
K Y U U R N M N J W P E O T
O J M I Z O W E H A J L K I
L U G Z V R J M R R R E E H
I A J N U E I X V A V D W E
F M G N A T N E K L H R B Y
W O R T E L J G R E T I D J
```

BAWANG PUTIH
BROKOLI
ARTICHOKE
WORTEL
MENTIMUN
BAWANG
JAMUR
SALAD
TERONG
ZAITUN

KENTANG
KACANG
TOMAT
PETERSELI
LOBAK
BAWANG MERAH
SELEDRI
BAYAM
JAHE
LABU

# 41 - Musica

```
M  U  B  L  A  Y  T  S  J  R  B  F  J  P
M  U  P  E  N  Y  A  N  Y  I  A  S  V  A
U  E  S  W  Z  S  L  U  I  Z  L  Y  T  D
E  U  L  I  E  L  A  I  Z  R  A  H  Y  U
I  N  R  O  K  V  K  S  R  S  D  A  X  A
S  T  Z  R  D  A  P  I  B  I  A  R  V  N
O  P  E  R  A  I  L  S  E  T  S  M  O  S
H  A  R  M  O  N  I  U  R  I  G  O  K  U
W  F  H  V  M  B  L  M  I  U  P  N  A  A
M  I  K  R  O  F  O  N  R  P  B  I  L  R
R  M  M  N  K  N  D  Z  A  X  T  K  A  A
F  F  P  N  K  K  N  A  M  A  K  E  R  T
M  E  N  Y  A  N  Y  I  A  I  R  A  M  A
K  L  A  S  I  K  U  L  L  E  I  Y  G  Q
```

ALBUM  
HARMONI  
HARMONIK  
BALADA  
PENYANYI  
MENYANYI  
KLASIK  
PADUAN SUARA  
LIRIS  
MELODI  

MIKROFON  
MUSIKAL  
MUSISI  
OPERA  
PUITIS  
REKAMAN  
BERIRAMA  
IRAMA  
ALAT  
VOKAL

# 42 - Barbecue

```
A C H Z M Y L H S Z E M E T
K E L U A R G A D A L A X O
U H R A R D R I J Y L L H M
N A M S A G R Z I W N A Z A
D Y U I G N A N A K A M D T
A M S P J A Z Y M X N N X K
N U I L L I R G T H I A F W
G S M Q U S U A S U A K L I
A I P Q H N L R E E M A Y A
N K A Q P A N A S D R M N R
Z X N F V K U S I O E A X I
Y Q A V E A X B U G P S O S
B C S A N M B A W A N G N Y
K E L A P A R A N R G N G U
```

PANAS

MAKAN MALAM

MAKANAN

BAWANG

PISAU

MUSIM PANAS

KELAPARAN

KELUARGA

BUAH

PERMAINAN

GRILL

SALAD

UNDANGAN

MUSIK

LADA

AYAM

TOMAT

MAKAN SIANG

GARAM

SAUS

# 43 - Insetti

```
C R E K L A O F Y O K D A F
G I X I A E S K L E U S F R
M A N T I S B L X D M V M N
L A D Y B U G A V R A L C Z
B O C A P U N G H O Y U I Q
E C N G E N G A T E N R O H
L E J B K K U P U K U P U E
A K A P P U C A C I N G G O
L V N O W A T U M E S Q Q R
A J G N A B M U K A G A S A
N J K F J P Q A W M Q A Z Y
G X R N K D B B G U S X Z A
A D I H P A K B U D F M F P
K Z K J V E V H Q G S D E L
```

APHID
LEBAH
HORNET
BELALANG
JANGKRIK
LADYBUG
KUMBANG
NGENGAT
KUPU-KUPU
SEMUT

LARVA
CAPUNG
MANTIS
AGAS
KUTU
KECOA
RAYAP
CACING
TAWON
NYAMUK

# 44 - Fisica

```
A O K E K A C A U A N F G B
E K R E L A T I V I T A S A
M I S A T I V A R G P W U H
S V N E A T O M W N A E N A
I L J A L X W N I U R K I N
T O I K R E D A V K T S V K
E A S I U Q R T W L I P E I
N L N N M C M A B I K A R M
G U E A U G K D S R E N S I
A K U K S Y T A K I L S A A
M E K E T W Y P S S H I L P
I L E M K R G E U Q T P Y X
G O R L V S O K K Z G V C N
B M F G A S A N I S E M E P
```

AKSELERASI
ATOM
KEKACAUAN
BAHAN KIMIA
KEPADATAN
ELEKTRON
EKSPANSI
RUMUS
FREKUENSI
GAS

GRAVITASI
MAGNETISME
MEKANIKA
MOLEKUL
MESIN
NUKLIR
PARTIKEL
RELATIVITAS
UNIVERSAL

# 45 - Erboristeria

```
D Y I I X G J M G D D O T U
F I G N A M E K W W A C M U
G E L N Y P M F J B Y S F G
P N U F M O N A G E R O R D
K E I H I T U P G N A W A B
U Z T J N M K I T A M O R A
L V K E T F I U I H E S E M
I R E D R M U T Y A S A D A
N V B R A S M M N B O T N R
E A U Y U G E O U M R I E O
R H N T Y Z Y L K L I L V J
B U N G A P O A I X E A A R
A D H I J A U E O E F U L A
Y W Q T A R R A G O N K K M
```

| | |
|---|---|
| BAWANG PUTIH | LAVENDER |
| DIL | MARJORAM |
| AROMATIK | MINT |
| KEMANGI | OREGANO |
| KULINER | PETERSELI |
| TARRAGON | KUALITAS |
| ADAS | ROSEMARY |
| BUNGA | TIMI |
| KEBUN | HIJAU |
| BAHAN | KUNYIT |

# 46 - Danza

```
U L O J N A U U G Y E A V T
R A I Y A M A R I D M K G R
M U S I K I S A L K O A Y A
F S C N A K L P R S S D L D
I I X E R D U A K F I E Y I
S V K S E S W L T C Z M G S
E O U U G Q A R T I M I L I
R A H M A T S T S U H R V O
P A K I S F I R Z H R A I N
S X W B U D A Y A T A A N A
K H U O A Z O L Y V U B L L
E K O R E O G R A F I B G J
U N K N M E L O M P A T U C
C R V A S C O J M F B W V H
```

| | |
|---|---|
| AKADEMI | RAHMAT |
| SENI | GERAKAN |
| KLASIK | MUSIK |
| MITRA | SIKAP |
| KOREOGRAFI | LATIHAN |
| TUBUH | IRAMA |
| BUDAYA | MELOMPAT |
| KULTURAL | TRADISIONAL |
| EMOSI | VISUAL |
| EKSPRESIF | |

# 47 - Attività Commerciale

```
A A C N A L A U J N E P I U
K N A K I J A M X S K T N P
A L G N A U A T A M O D V A
R S G G O K O T X L N I E J
Y D Z V A D E B T R O S S A
A X H B L R Q U K O M K T K
W H E P A E A B A T I O A Y
A K I R B A P N I N N N S T
N X L Y A A I C W A G C I J
K A R I E R S N B K Y A G W
T R A N S A K S I L F A N Y
A D X R P E N D A P A T A N
P E R U S A H A A N U I U N
G C W Q H V H Z M P I E M D
```

| | |
|---|---|
| ANGGARAN | LABA |
| KARIER | PENDAPATAN |
| BIAYA | DISKON |
| MAJIKAN | PERUSAHAAN |
| KARYAWAN | UANG |
| EKONOMI | PAJAK |
| PABRIK | TRANSAKSI |
| KEUANGAN | KANTOR |
| INVESTASI | MATA UANG |
| TOKO | PENJUALAN |

# 48 - Fiori

```
D P A S K D I W A T U L I P P
M A E T E K U B I Y A I O N
R O Z O J M N R L J R T E K
E M Z R N L A G O T D A M L
D A I S Y Y H N N L I L A C
N K E R G G N A G L R B I G
E G A R D E N I A G S M R M
V G Y P P O P I M R I A E E
A I L E O I G L E U D W M L
L K I B G L P Q G Q Z A U A
T H L C D Q E Q A Y K R L T
F T M X X C T K P U P U P I
I G Y S Y C D A F F O D I L
P A S S I O N F L O W E R Z
```

| | |
|---|---|
| GARDENIA | ANGGREK |
| MELATI | POPPY |
| LILY | PASSIONFLOWER |
| LAVENDER | PEONY |
| LILAC | KELOPAK |
| MAGNOLIA | PLUMERIA |
| DAISY | MAWAR |
| BUKET | SEMANGGI |
| DAFFODIL | TULIP |

# 49 - Filantropia

```
O  R  K  F  J  U  A  K  S  J  K  N  M  A
T  A  F  O  Y  E  M  U  M  U  E  A  E  N
B  K  M  I  N  R  A  X  A  U  D  K  M  A
J  Y  F  Z  T  T  L  A  B  O  L  G  B  K
U  A  Q  X  P  T  A  O  I  Z  H  N  U  Y
H  T  G  A  B  Z  T  K  O  S  B  A  T  K
K  T  A  N  T  A  N  G  A  N  I  B  U  E
D  E  K  E  U  A  N  G  A  N  S  M  H  J
A  M  L  M  Z  N  M  K  D  A  E  U  K  U
N  B  D  O  G  L  B  B  U  U  J  Y  A  J
A  L  S  A  M  F  R  E  M  J  A  N  N  U
M  B  O  A  X  P  A  Y  E  U  R  E  U  R
W  W  T  Q  S  W  O  D  P  T  A  M  P  A
P  R  O  G  R  A  M  K  C  G  H  A  O  N
```

| | |
|---|---|
| ANAK | KELOMPOK |
| MEMBUTUHKAN | MISI |
| AMAL | TUJUAN |
| KONTAK | KEJUJURAN |
| MENYUMBANGKAN | RAKYAT |
| KEUANGAN | PROGRAM |
| DANA | UMUM |
| PEMUDA | TANTANGAN |
| GLOBAL | SEJARAH |

# 50 - Ecologia

```
A  W  A  R  G  K  W  T  U  A  L  I  R  G
P  L  S  I  N  E  J  A  Z  G  L  S  S  T
E  V  A  N  U  A  F  N  G  I  C  A  F  A
R  A  T  M  N  A  W  A  L  E  R  T  M  T
B  R  I  J  U  R  W  M  F  M  M  E  P  I
E  I  N  T  G  T  L  A  B  O  L  G  Q  B
D  A  U  K  W  T  F  N  R  D  X  E  T  A
A  S  M  F  L  O  R  A  C  I  T  V  Z  H
A  I  O  K  X  M  K  O  P  T  K  B  O  E
N  A  K  D  H  X  A  F  Y  Y  Q  L  S  B
M  D  S  U  M  B  E  R  D  A  Y  A  I  A
B  E  R  K  E  L  A  N  J  U  T  A  N  M
X  G  L  M  K  E  K  E  R  I  N  G  A  N
B  C  P  D  I  Q  R  R  H  L  B  X  S  B
```

| | |
|---|---|
| IKLIM | ALAMI |
| KOMUNITAS | RAWA |
| PERBEDAAN | TANAMAN |
| FAUNA | SUMBER DAYA |
| FLORA | KEKERINGAN |
| GLOBAL | BERKELANJUTAN |
| HABITAT | JENIS |
| LAUT | VARIASI |
| GUNUNG | VEGETASI |
| ALAM | RELAWAN |

# 51 - Discipline Scientifiche

```
P  S  I  K  O  L  O  G  I  K  I  M  M  Q
W  J  W  B  I  G  O  L  O  E  G  E  I  W
Z  N  J  C  G  L  H  B  O  K  O  K  N  L
A  R  K  E  O  L  O  G  I  I  L  A  E  M
I  J  R  N  L  B  A  K  C  M  O  N  R  E
U  M  N  A  O  J  I  N  V  I  I  I  A  T
O  G  U  P  I  T  S  O  A  A  B  K  L  E
K  P  U  N  S  M  P  A  K  T  V  A  O  O
I  M  O  N  O  R  T  S  A  I  O  I  G  R
Q  M  Z  W  S  L  P  U  Y  C  M  M  I  O
B  O  T  A  N  I  O  J  D  H  T  I  I  L
P  K  I  T  S  I  U  G  N  I  L  T  A  O
E  K  O  L  O  G  I  S  I  E  E  B  D  G
T  E  R  M  O  D  I  N  A  M  I  K  A  I
```

ANATOMI
ARKEOLOGI
ASTRONOMI
BIOKIMIA
BIOLOGI
BOTANI
KIMIA
EKOLOGI
GEOLOGI

IMUNOLOGI
LINGUISTIK
MEKANIKA
METEOROLOGI
MINERALOGI
PSIKOLOGI
SOSIOLOGI
TERMODINAMIKA

# 52 - Scienza

```
Y  B  D  E  P  L  A  Q  X  M  S  D  N  O
U  O  Z  V  A  T  K  A  F  I  A  S  A  V
I  D  E  O  R  C  I  S  J  N  A  B  I  B
A  U  O  L  T  B  S  P  Q  E  C  T  D  F
H  W  B  U  I  O  I  D  S  R  D  O  O  O
O  I  G  S  K  W  F  W  W  A  F  R  O  M
B  M  P  I  E  D  A  T  A  L  P  G  U  E
S  E  F  O  L  P  E  R  C  O  B  A  A  N
E  T  Z  O  T  G  R  A  V  I  T  A  S  I
R  O  H  A  S  E  M  S  I  N  A  G  R  O
V  D  P  J  N  I  S  I  K  L  I  M  A  Q
A  E  H  I  Z  G  L  I  L  J  W  P  L  M
S  M  O  L  E  K  U  L  S  R  G  C  A  H
I  B  A  H  A  N  K  I  M  I  A  B  M  J
```

| | |
|---|---|
| ATOM | GRAVITASI |
| BAHAN KIMIA | HIPOTESIS |
| IKLIM | METODE |
| DATA | MINERAL |
| PERCOBAAN | MOLEKUL |
| EVOLUSI | ALAM |
| FAKTA | ORGANISME |
| FISIKA | OBSERVASI |
| FOSIL | PARTIKEL |

# 53 - Boxe

```
H I J W E F L S F F J S B H
K Z M T X O U U G H U D E V
X E U J H K U D W T K U R L
G D A U S U P U I A D J Y E
Z F Z H J S B T L P S O X L
N G E L L N U B E W I B A
A N I O P I M A T C S Q T H
T A L I B M A L O N C E N G
A D W T H I G N A U J E P A
U N T I N J U A Z F A B D Q
K E X T K B D W D T W J A S
E N H T W G S A W J P P G S
K E S I K U I L V M C W U F
T M S A R U N G T A N G A N
```

KEAHLIAN
SUDUT
WASIT
LAWAN
MENENDANG
LONCENG
PEJUANG
TALI
TUBUH

LELAH
KEKUATAN
FOKUS
SIKU
SARUNG TANGAN
DAGU
TINJU
POIN
CEPAT

# 54 - Imbarcazioni

```
T T U A L B H F O R U N H P
N I R M E S I N G W I W H E
D A A I F Y L R N X N N F L
A N K I R S A I A G N U S A
N G I T K M T I S H P I O M
A K T U E G Z L A C A R M P
U A K A Y A K A P P B B B U
R P A L M L G W X S F U A N
R A N E F A U A C I J E K G
N L O P I V R K J D U Q R T
E L E N C C V I X I R L I I
Z I N P X N R B T H C A Y X
R E A X Z Z M S C I Z H J C
J A N G K A R I Y S M A F X
```

TIANG KAPAL        PASANG
JANGKAR            PELAUT
PELAMPUNG          MARITIM
KANO               MESIN
TALI               BAHARI
AWAK               OMBAK
SUNGAI             FERI
KAYAK              YACHT
DANAU              RAKIT
LAUT

# 55 - Chimica

```
F O H E N I L A K L A N C V
A N K V N O B R A K D O M P
U H U S B Z A S A M E R Z W
U T D C I N I V P J G T E R
D U S C L G N M X U G K Z Z
L Z M T A R E B R O H E W X
U C E U G Z G N I R O L K G
B U T P A W O O L Y L E K V
S Y F A R I R I L K U N A Z
X H H N A D Q K X K I T W
M U O A M H I B E B E Z A V
A M Y S Z O H G A S L L L K
W C A I R F T O X U O E I Q
O R G A N I K A B N M X S H
```

ASAM
ALKALINE
ATOM
PANAS
KARBON
KATALIS
KLORIN
ELEKTRON
ENZIM
GAS

HIDROGEN
ION
CAIR
MOLEKUL
NUKLIR
ORGANIK
OKSIGEN
BERAT
GARAM
SUHU

# 56 - Api

```
M E T S I S O K E F V G L B
I I R A S K U B R E S S I E
Y R C Y K Y U C J Z M A L R
S J S A S A Y A P C A R I M
I E I N A M A N A T K A N A
X Z R G P A S A G S A N A N
H P A A Q E X D N Q N G N F
R U H V N I R K U E A A A A
F W A W I G K B B P N O W A
L F T X T V G A E C K H A T
R H A J K E K A N D H G K C
G A M C M E K A R W A X L D
L U T A T I B A H J Z A J K
H B N U B E K M I T H A N B
```

SAYAP
SARANG
BERMANFAAT
LILIN
MAKANAN
PERBEDAAN
EKOSISTEM
BUNGA
MEKAR
BUAH

ASAP
KEBUN
HABITAT
SERANGGA
SAYANG
TANAMAN
SERBUK SARI
RATU
KAWANAN
MATAHARI

# 57 - Strumenti Musicali

```
S  K  L  A  R  I  N  E  T  G  D  O  M  T
G  A  B  M  I  R  A  M  O  I  I  O  B  E
P  K  K  A  R  D  E  K  H  A  K  B  F  R
Q  I  G  S  T  R  O  M  B  O  N  O  C  O
K  N  N  I  O  N  A  I  P  L  D  J  B  M
H  O  O  K  T  F  L  D  U  E  M  N  I  P
A  M  G  T  I  A  O  G  M  S  Q  A  O  E
P  R  Q  M  Q  P  R  N  A  N  C  B  L  T
E  A  D  T  Y  R  N  I  L  O  D  N  A  M
R  H  Y  R  V  A  X  L  U  O  F  L  N  B
K  G  P  J  U  H  X  U  X  S  K  X  A  N
U  A  I  C  F  M  D  R  B  S  Y  B  B  S
S  W  V  W  R  Z  F  E  X  A  Z  H  E  T
I  E  W  D  A  P  A  S  M  B  V  Q  R  J
```

| | |
|---|---|
| HARMONIKA | OBO |
| HARPA | PERKUSI |
| BANJO | PIANO |
| GITAR | SAKSOFON |
| KLARINET | REBANA |
| BASSOON | DRUM |
| SERULING | TEROMPET |
| GONG | TROMBON |
| MANDOLIN | BIOLA |
| MARIMBA | SELO |

# 58 - Professioni #2

```
W  Z  I  G  U  R  U  P  P  W  T  O  I  T
L  O  G  R  R  S  F  M  E  W  D  Z  G  O
R  O  I  I  E  H  I  B  K  L  I  N  O  N
O  L  G  U  T  O  L  I  P  P  U  Q  L  O
T  O  R  R  K  T  S  H  Y  K  R  K  O  R
A  G  E  E  O  Q  U  A  R  E  U  I  I  T
R  I  T  F  D  W  F  D  Q  Z  Y  D  B  S
T  U  K  A  N  G  K  E  B  U  N  I  I  A
S  M  O  R  A  T  L  B  E  D  I  Y  L  A
U  E  D  G  D  Q  T  I  I  R  S  N  H  F
L  N  V  O  T  U  V  L  C  Q  N  E  A  W
I  E  K  T  T  B  F  H  A  E  I  P  Y  J
Y  P  I  O  N  A  W  A  K  A  T  S  U  P
C  C  B  F  W  A  R  T  A  W  A  N  M  J
```

| | |
|---|---|
| ASTRONOT | ILUSTRATOR |
| PUSTAKAWAN | INSINYUR |
| AHLI BIOLOGI | GURU |
| AHLI BEDAH | PENEMU |
| DOKTER GIGI | PENYIDIK |
| FILSUF | DOKTER |
| FOTOGRAFER | PILOT |
| TUKANG KEBUN | PELUKIS |
| WARTAWAN | ZOOLOGI |

# 59 - Letteratura

```
P  T  R  A  G  E  D  I  O  W  F  S  G  Y
Q  E  B  I  O  G  R  A  F  I  S  A  A  K
Z  A  N  S  A  T  E  M  A  O  A  J  Y  M
A  E  E  U  J  J  X  P  O  H  Y  A  A  A
N  D  N  A  L  U  P  M  I  S  E  K  R  N
A  A  E  V  A  I  T  O  T  Y  Y  W  O  E
L  N  R  S  N  R  S  J  X  Z  L  D  F  K
O  A  N  I  K  I  R  A  M  A  D  I  A  D
G  L  E  T  N  R  P  U  I  S  I  A  T  O
I  I  G  I  O  X  I  U  W  D  H  L  E  T
L  S  A  U  V  M  K  P  A  K  H  O  M  H
G  I  J  P  E  V  S  T  S  K  B  G  Y  Y
R  S  Q  Q  L  V  P  L  C  I  J  P  L  O
P  E  N  D  A  P  A  T  L  B  N  E  W  X
```

| | |
|---|---|
| ANALISIS | PENDAPAT |
| ANALOGI | PUISI |
| ANEKDOT | PUITIS |
| PENULIS | SAJAK |
| BIOGRAFI | IRAMA |
| KESIMPULAN | NOVEL |
| DESKRIPSI | GAYA |
| DIALOG | TEMA |
| GENRE | TRAGEDI |
| METAFORA | |

# 60 - Cibo #2

```
C E T O N T F A N G G U R T
H O Y F D R O T I S A N Y E
Q R K Z S F N X Z C V A O R
R L X L H D G B P F E K G O
Q B G M A Y A U R O F I H N
X K I W I T N M J O F G U G
C T E L U R D K P M K E R N
S E D Z H M U T Q B B O T A
X E R G R Z M O I T R Z L S
A V U I K D A M I R P O E I
K S M E E Y H A M G S Y P P
S S A O J Z T T L G R G A A
G V J N U C S V E S U A I G
S E L E D R I P F J K U K J
```

| | |
|---|---|
| PISANG | ROTI |
| BROKOLI | IKAN |
| CERI | AYAM |
| COKLAT | TOMAT |
| KEJU | HAM |
| JAMUR | NASI |
| GANDUM | SELEDRI |
| KIWI | TELUR |
| APEL | ANGGUR |
| TERONG | YOGHURT |

# 61 - Nutrizione

```
R E M P A H R E M P A H R P
T F S C I P K S N F U E P H
P S T I G E E A W A C R F
V F A S I N S I F S L M O F
B E R A T C E M S U A S T X
V K D T I E H B U F A Y E X
I A I N H R A A M O I Z I G
T L H E A N T N A V H L N R
A O O M P A A G K W L S M A
M R B R D A N T A X I E J C
I I R E I N M V N N O H F U
N T A F E C A I R A N A R N
T R K T T S F Q P C L T Z X
K U A L I T A S C B T D U L
```

PAHIT
NAFSU MAKAN
SEIMBANG
KALORI
KARBOHIDRAT
DIET
PENCERNAAN
FERMENTASI
CAIRAN
GIZI

BERAT
PROTEIN
KUALITAS
SAUS
KESEHATAN
SEHAT
REMPAH-REMPAH
RACUN
VITAMIN

# 62 - Matematica

```
P D S D E S I M A L E P S P
Q O D I A M E T E R K R U E
J G L L I N G K A R S H D R
S A Z I G E S R E P P G U S
U E Y F G P K A Z V O E T A
I W G E X O I B L T N O V M
D O N I E V N G J I E M O A
A V L S T H V U L I N E L A
R C E G D I S K A R F T U N
W H L R N F G K H T E R M C
T H A L M U J A C E N I E J
P E R I M E T E R M S H K V
P J A S S I T I D I V I S I
S C P J H L R F H S W G T Q
```

SUDUT
HITUNG
LINGKAR
DESIMAL
DIAMETER
DIVISI
PERSAMAAN
EKSPONEN
FRAKSI
GEOMETRI

PARALEL
PERIMETER
POLIGON
PERSEGI
RADIUS
SIMETRI
JUMLAH
SEGITIGA
VOLUME

# 63 - Meditazione

```
M O R G N A N E T K R A S G
P E R H A T I A N G A J I E
P X G B R N S B L N T A S R
E I L W I W Y A W A L R A A
R K J D K S U Q A Y T A V K
S I E H I S K R G A I N R A
P S Q B P N U E C S O A E N
E U D U A H R M O H I S S M
K M X C E I P A K I S A B N
T X G D U M K L A S V L O I
I L X I M R O A G A B E B A
F Y X B B M U S N K X J T Y
G Z M C M Z F M I R S E B V
K E B A H A G I A A N K K S
```

PERHATIAN
TENANG
KEJELASAN
KASIH SAYANG
EMOSI
KEBAHAGIAAN
KEBAIKAN
SYUKUR
AJARAN

MENTAL
PIKIRAN
GERAKAN
MUSIK
ALAM
OBSERVASI
SIKAP
PERSPEKTIF

# 64 - Antiquariato

```
A S H B K K G I R E L A G D
H J L A C Z A N A G E L E E
K D W U R E Y V D X P U D K
R U Z T C G A E P M A T K A
E D A B A H A S Z S T K G D
S E C L G R E T W A U Q G E
T K K Z I L S A L A N Z M N
O O O Y N T I S H E G P W Q
R R I D E A A I J L L T T U
A A N U S W I S Q C Y A U T
S T G Y M M E B E L E X N E
I I N I L A I S I D N O K G
Q F T I D A K B I A S A U Z
D A Q Q R X E M W M V G O F
```

SENI

LELANG

ASLI

KONDISI

DEKADE

DEKORATIF

ELEGAN

GALERI

TIDAK BIASA

INVESTASI

MEBEL

KOIN

HARGA

KUALITAS

RESTORASI

PATUNG

ABAD

GAYA

NILAI

TUA

# 65 - Escursionismo

```
P U N C A K C A M P I N G T
I Q M N P A N D U A N H M E
M A T A H A R I G S D H C B
G G A M I S M X O D F Q L I
F U T A B H E H F O T F T N
V T N T L M P P O X Y D H G
J A P U T D E G A Y A H A B
T I T X N P R J T T L O L U
I K L I M G S N E A U W E N
P R P U D S I F P R I B L L
A J U I I S A T N E I R O C
V I R I S Y P N D B Z M B T
J U R A I L A A L A M Z Z V
G G J M G G N A T A N I B G
```

AIR
BINATANG
CAMPING
IKLIM
PANDUAN
PETA
GUNUNG
ALAM
ORIENTASI
TAMAN

BAHAYA
BERAT
BATU
PERSIAPAN
TEBING
LIAR
MATAHARI
LELAH
SEPATU BOT
PUNCAK

# 66 - Professioni #1

```
B E J P U E R Z M U S I S I
A A G N E D E L G N A K U T
P O N F A L N I T N M H P R
O O X K D R A Z U K P U E X
T C B J I E S T F O I N R D
E X S I T R A T I D A T A U
K G O L O K I S P H N E W T
E N I W L K H Q N N I R A A
R O T I D E R N X R S C T B
V E G G Q K E P E N A R I E
Q V U N Z F P R M A Q K T S
A I L M U W A N F Q C O C A
P E N G A C A R A N Y F K R
K A R T O G R A F E R J T G
```

| | |
|---|---|
| PELATIH | APOTEKER |
| DUTA BESAR | PERHIASAN |
| ARTIS | TUKANG LEDENG |
| PENGACARA | PERAWAT |
| PENARI | MUSISI |
| BANKIR | PIANIS |
| HUNTER | PSIKOLOG |
| KARTOGRAFER | ILMUWAN |
| EDITOR | |

# 67 - Antartide

```
I  P  T  N  X  H  S  A  Y  X  T  G  S  K
B  U  P  A  U  S  U  Y  W  F  W  L  E  C
Y  L  A  U  S  U  H  U  B  A  Q  E  M  O
N  A  G  N  U  K  G  N  I  L  N  T  E  R
K  U  L  E  T  L  Y  G  S  W  D  S  N  M
S  L  Y  B  H  P  X  F  A  D  O  E  A  G
A  A  K  C  Y  I  I  X  R  Q  O  R  N  X
P  R  C  M  D  V  J  T  G  Q  G  U  J  E
G  E  O  G  R  A  F  I  I  J  C  H  U  S
L  N  R  G  B  U  F  P  M  L  B  Z  N  R
O  I  L  M  I  A  H  U  W  X  E  Q  G  J
C  M  B  S  I  S  A  V  R  E  S  N  O  K
E  X  Z  F  F  R  A  I  R  T  K  L  E  O
E  K  S  P  E  D  I  S  I  M  C  F  E  P
```

| | |
|---|---|
| AIR | MIGRASI |
| LINGKUNGAN | MINERAL |
| TELUK | AWAN |
| PAUS | SEMENANJUNG |
| KONSERVASI | PENELITI |
| BENUA | ROCKY |
| GEOGRAFI | ILMIAH |
| GLETSER | EKSPEDISI |
| ES | SUHU |
| PULAU | |

# 68 - Libri

```
E  I  T  X  Q  B  P  F  U  M  Z  P  P  Z
S  N  S  G  L  F  L  E  V  O  N  U  O  D
H  A  T  I  R  E  C  I  M  J  A  I  L  U
I  G  S  K  E  T  N  O  K  B  M  S  U  A
S  N  P  T  S  I  G  A  R  T  A  I  C  L
T  A  E  K  R  E  J  H  O  R  L  C  U  I
O  L  N  O  B  A  R  F  T  E  A  D  A  T
R  A  U  L  L  Y  Z  I  A  L  H  I  U  A
I  U  L  E  T  T  Q  T  R  E  O  T  T  S
S  T  I  K  V  A  E  N  A  V  M  U  Z  U
I  E  S  S  S  Z  N  E  N  A  U  L  Y  L
J  P  K  I  K  N  A  V  Q  N  J  I  A  F
H  I  W  R  M  S  P  N  E  U  H  S  B  F
V  Z  Z  I  W  E  P  I  K  I  U  W  O  V
```

PENULIS
PETUALANGAN
KOLEKSI
KONTEKS
DUALITAS
EPIK
INVENTIF
SASTRA
PEMBACA
NARATOR

HALAMAN
PUISI
RELEVAN
NOVEL
DITULIS
SERI
CERITA
HISTORIS
TRAGIS
LUCU

# 69 - Geografia

```
S U N G A I S A V E L E R R
G J G J T T C G O M X N W U
D A N N E G O R G C C J F J
Z R R A P R B K F G N A K U
M A U I M U B N A H A L E B
D G K G S P E K R J W W M S
J E U G Q L J R A T B I E I
T N S N N L I L T O A L R R
D U N I A H A N U B R A I A
K A B T T I C U T F A Y D G
B L X E A S A L T A T A I X
F U I K L B E N U A N H A D
N P L A E G U N U N G G N N
R Y J W S N Q R F H B V M N
```

| | |
|---|---|
| KETINGGIAN | PETA |
| ATLAS | LAUT |
| KOTA | MERIDIAN |
| BENUA | DUNIA |
| ELEVASI | GUNUNG |
| BELAHAN BUMI | UTARA |
| SUNGAI | BARAT |
| PULAU | NEGARA |
| GARIS LINTANG | SELATAN |
| GARIS BUJUR | WILAYAH |

# 70 - Cibo #1

```
C  S  I  R  V  G  E  U  R  T  X  L  M  C
M  I  M  V  D  A  L  A  S  G  S  E  X  M
X  R  I  T  P  R  I  P  H  X  U  M  T  C
K  E  N  G  P  A  L  U  G  Q  S  O  U  J
L  B  T  N  J  M  C  D  L  B  U  N  U  Q
E  O  X  I  W  E  N  Y  M  A  L  F  Z  L
T  R  B  G  B  M  L  V  Z  W  K  Q  I  U
R  T  M  A  Y  A  B  A  I  A  K  E  P  M
O  S  I  D  K  D  E  Y  I  N  R  A  X  D
W  T  U  H  P  V  R  U  R  G  F  G  J  H
D  P  B  T  X  D  B  W  H  K  U  E  U  G
H  H  I  T  U  P  G  N  A  W  A  B  S  F
H  V  H  S  I  N  A  M  U  Y  A  K  F  Z
J  G  E  S  F  Y  A  K  E  M  A  N  G  I
```

| | |
|---|---|
| BAWANG PUTIH | MINT |
| KEMANGI | JELAI |
| KAYU MANIS | PIR |
| DAGING | LOBAK |
| WORTEL | GARAM |
| BAWANG | BAYAM |
| STROBERI | JUS |
| SALAD | TUNA |
| SUSU | KUE |
| LEMON | GULA |

# 71 - Etica

```
K U L N V M U N J A M L K E
H E L A E N A R A B A S E K
S M B K L Y Y Z B N R R M Q
A S X I K T J E H I T C A K
T I U A J E R X Y L A K N A
I L E B K A J U N A B H U S
R A M E N F K U I I A S S I
G E M K P Z P S J S T C I H
E R G V H N W H A U M E A S
T O L E R A N S I N R E A A
N O P T I M I S M E A A N Y
I W A J A R B G D Q O A N A
R A S I O N A L I T A S N N
G I V H O R M A T K W F U G
```

ALTRUISME
KASIH SAYANG
MARTABAT
KEBAIKAN
INTEGRITAS
KEJUJURAN
OPTIMISME
KESABARAN

WAJAR
RASIONALITAS
REALISME
HORMAT
KEBIJAKSANAAN
TOLERANSI
KEMANUSIAAN
NILAI

# 72 - Aeroplani

```
A K S U A S A N A B I L P B
K W E B H G H S R I A A E A
O P A T J X Z H A R A N N H
N E H K I J N X D H T G D A
S N N L S N A Q U W P I A N
T U F M A E G K V N I T R B
R M E R G G N G A G L T A A
U P R K I O A K I H O B T K
K A P M V R L F O A T A A A
S N S U A D A B W R N L N R
I G F C N I U L G A K O P Y
M E S I N H T M O J I N G Q
T I N G G I E X D E Y J R A
S F I H G R P F B S S L Q N
```

TINGGI
KETINGGIAN
UDARA
SUASANA
PENDARATAN
PETUALANGAN
BAHAN BAKAR
LANGIT
KONSTRUKSI

ARAH
AWAK
HIDROGEN
MESIN
NAVIGASI
BALON
PENUMPANG
PILOT
SEJARAH

# 73 - Governo

```
J  I  Q  T  A  P  A  D  B  I  L  H  W  T
N  L  I  P  I  S  Z  M  A  F  N  U  P  O
E  I  V  N  P  I  Y  Y  N  I  A  K  O  Z
M  B  P  E  E  I  E  K  G  S  S  U  L  F
U  E  I  M  K  G  D  F  S  A  I  M  I  T
N  R  X  N  I  S  A  A  A  R  O  K  T  P
O  T  Y  G  R  M  W  R  T  K  N  E  I  E
M  Y  F  Z  T  C  E  Y  A  O  A  A  K  R
I  S  U  K  S  I  D  P  A  M  L  D  A  A
L  O  B  M  I  S  Z  M  D  E  Y  I  H  D
T  G  A  X  D  M  I  J  Z  D  G  L  C  I
K  E  M  E  R  D  E  K  A  A  N  A  U  L
K  O  N  S  T  I  T  U  S  I  J  N  K  A
K  E  S  E  T  A  R  A  A  N  F  D  G  N
```

| | |
|---|---|
| PEMIMPIN | HUKUM |
| SIPIL | LIBERTY |
| KONSTITUSI | MONUMEN |
| DEMOKRASI | NASIONAL |
| HAK | BANGSA |
| PIDATO | POLITIK |
| DISKUSI | DISTRIK |
| PERADILAN | SIMBOL |
| KEADILAN | NEGARA |
| KEMERDEKAAN | KESETARAAN |

# 74 - Bellezza

```
V T A S B K D G W H F H L F
R A H M A T F U I N F U I O
C N F E O E W N D K H Y P T
S N N J Y R Q T Q U I K S O
V I M T U N A I U L N H T G
P M I N Y A K N W I A D I E
L R Q I Z G I G U T N K K N
R E O I H E T H N W U D I I
J C P D Y L E P B M G R G K
A N M N U E M L P T G F N O
S R A R A K S A M A N R A W
A H S X K H O A H O A Y W B
P E S O N A K Z X O E Y C F
C D S S T Y L I S T K B K M
```

WARNA
KOSMETIK
ELEGAN
KEANGGUNAN
PESONA
GUNTING
FOTOGENIK
WANGI
RAHMAT
MASKARA

MINYAK
KULIT
PRODUK
AROMA
IKAL
LIPSTIK
JASA
SAMPO
CERMIN
STYLIST

# 75 - Avventura

```
K  Y  L  A  T  A  K  T  I  V  I  T  A  S
K  J  K  V  T  E  E  L  T  J  N  I  Y  O
N  A  A  R  I  B  M  E  G  E  K  B  A  J
E  M  C  N  A  G  N  A  T  N  A  T  H  J
N  A  V  I  G  A  S  I  N  O  L  V  A  V
A  L  P  E  L  U  A  N  G  D  X  F  B  O
T  A  A  I  C  R  A  I  S  E  P  X  R  V
I  V  M  W  N  A  I  N  A  R  E  B  E  K
L  W  U  F  D  B  G  L  M  G  H  U  B  T
U  I  T  L  N  A  K  I  T  N  A  C  E  K
S  W  V  F  Z  Z  J  T  L  M  I  J  Y  V
E  M  S  A  I  S  U  T  N  A  J  P  G  Q
K  P  E  R  S  I  A  P  A  N  V  F  Q  N
T  U  J  U  A  N  A  N  A  M  A  E  K  K
```

TEMAN
AKTIVITAS
KECANTIKAN
KEBERANIAN
TUJUAN
KESULITAN
ANTUSIASME
PESIAR
KEGEMBIRAAN

JADWAL
ALAM
NAVIGASI
BARU
PELUANG
BERBAHAYA
PERSIAPAN
TANTANGAN
KEAMANAN

# 76 - Forme

```
E  L  I  P  S  U  B  U  K  Y  O  B  G  X
C  C  R  D  Z  S  B  U  Y  Q  I  U  A  Y
L  I  N  G  K  A  R  A  N  S  B  L  R  Y
H  I  P  E  R  B  O  L  A  U  O  A  I  S
K  S  P  O  D  V  A  N  M  D  L  T  S  I
E  I  S  J  V  H  U  D  S  U  A  B  H  L
R  S  Z  A  M  A  Z  R  I  T  E  H  R  I
U  J  Y  G  N  V  L  D  R  M  S  G  N  N
C  C  R  I  T  R  Y  T  P  M  A  B  O  D
U  P  Z  T  B  U  Q  L  A  D  R  R  G  E
T  Z  R  I  M  K  T  G  L  H  C  F  I  R
B  A  F  G  I  Q  P  E  M  E  Q  T  L  P
E  Q  P  E  R  S  E  G  I  P  E  T  O  D
I  F  B  S  P  X  P  X  O  D  Y  G  P  Z
```

SUDUT            SISI
ARC              GARIS
TEPI             OVAL
LINGKARAN        PIRAMIDA
SILINDER         POLIGON
KERUCUT          PRISMA
KUBUS            PERSEGI
KURVA            BULAT
ELIPS            BOLA
HIPERBOLA        SEGITIGA

# 77 - Oceano

```
G  R  P  H  G  B  T  Q  N  J  D  Y  B  P
T  U  D  I  J  E  K  I  J  T  Y  U  O  E
E  B  R  U  C  L  M  O  R  D  B  P  Y  N
R  U  R  I  P  U  W  E  N  A  K  I  U  Y
U  R  C  C  T  T  O  I  F  W  M  M  H  U
M  U  V  I  Y  A  H  K  G  B  A  D  A  I
B  B  T  U  N  A  S  U  A  P  T  E  R  L
U  U  S  P  O  N  S  Y  R  B  Y  G  E  K
T  H  X  K  V  U  S  J  A  U  M  Z  P  A
K  E  P  I  T  I  N  G  M  U  E  O  K  H
L  U  M  B  A  L  U  M  B  A  G  L  A  E
B  M  I  N  P  U  Y  H  E  W  U  V  M  S
F  R  E  E  C  M  E  S  T  V  Q  S  M  R
U  D  A  N  G  K  A  R  A  N  G  V  B  N
```

ALGA
BELUT
PAUS
PERAHU
KARANG
LUMBA-LUMBA
UDANG
KEPITING
UBUR-UBUR
OMBAK

TIRAM
IKAN
GURITA
GARAM
TERUMBU
SPONS
HIU
PENYU
BADAI
TUNA

# 78 - Creatività

```
B E D I I M A J I N A S I T
Z P M K E J E L A S A N T R
I Y P O I N V E N T I F K I
Z P U A S D R A M A T I S N
Q J D T A I S E R P S K E T
O Z S A T I S N E T N I I U
K I T S I T R A K E S A N I
T E K A D R A V I S I T N S
C G A W I J B B X U I V V I
U P U H U V M S E N S A S I
H N A I L S A E K H E I J C
L A I Y F I G J G I X E K Z
Y A I W I S A R I P S N I E
G J S P A W O N A T N O P S
```

KEAHLIAN
ARTISTIK
KEASLIAN
KEJELASAN
DRAMATIS
EMOSI
EKSPRESI
FLUIDITAS
IDE
IMAJINASI

GAMBAR
KESAN
INTENSITAS
INTUISI
INVENTIF
INSPIRASI
SENSASI
SPONTAN
VISI

# 79 - Veicoli

```
K V Q R G O N S T I K A R T
E Q A C M B I S E T K W O R
R E R I Z O S W L P R R K A
E P K U R T E M T T E Y E K
T P E A U R M O T A T D T T
A Z U R F A D B U M P T A O
N U X E A I Y I H B O A P R
H N V T M H L L S U K K R L
J W P U Y B U A E L I S E N
J Q P K F E R I H A L I S Y
E M E S D P X B H N E I W I
P E S A W A T A D S H L I S
U Z I Q R M S N X S J R K A
K A P A L S E L A M P S J W
```

| | |
|---|---|
| PESAWAT | SHUTTLE |
| AMBULANS | BAN |
| MOBIL | ROKET |
| BIS | SKUTER |
| PERAHU | KAPAL SELAM |
| SEPEDA | TAKSI |
| TRUK | FERI |
| KAFILAH | TRAKTOR |
| HELIKOPTER | KERETA |
| MESIN | RAKIT |

# 80 - Emozioni

```
K E B O S A N A N E M U S H
W U G N A N E T I U B L I P
P H D I A T N A S S X R M W
L E G A Z I B U K M I U P X
T A N A G N A N E T E K A P
U D Q W A Z C M B P M U T Z
K E B A I K A N A E X Y I C
A K T B L R D T H D Z S O N
T M Q Y H L V Y A B R R Q C
N A A R I B M E G E K E U I
J B I R M A L U I G L B P N
O W Z P A C N J A D L U U T
W Y S D T H E D A C B J A A
X K G T K J F D N D R L S W
```

CINTA                PERDAMAIAN
KEBAHAGIAAN          TAKUT
TENANG               AMARAH
ISI                  SANTAI
KEBAIKAN             LEGA
KEGEMBIRAAN          SIMPATI
BERSYUKUR            PUAS
MALU                 KETENANGAN
KEBOSANAN

# 81 - Natura

```
A R K T I K D L I A R M U B
G U S U N A K I T N A C E K
U Y T B T H H N N A T U H V
N N N A G N U P M A N E P P
U A G K N A A S O V M O H P
N N U W A W K I U B S I D Z
G U R D T A M P O N H P S B
R A U Z A E Y O Z R G J E U
T D N E N B S R W E B A S J
Z E T S I H U T E S G B I G
Q D N J B F A G F T Y N J N
E M T A D G K W S E R O S I
Q L M A N H A B E L D N I X
V I T A L G A P A G O T T V
```

| | |
|---|---|
| BINATANG | GLETSER |
| LEBAH | GUNUNG |
| ARKTIK | KABUT |
| KECANTIKAN | AWAN |
| GURUN | PENAMPUNGAN |
| DINAMIS | SUAKA |
| EROSI | LIAR |
| SUNGAI | TENANG |
| DEDAUNAN | TROPIS |
| HUTAN | VITAL |

# 82 - Balletto

```
P  P  X  H  P  D  K  O  K  U  T  A  G  P
R  E  P  N  N  X  E  O  T  M  M  T  A  Y
A  N  N  F  A  P  R  S  M  O  O  T  Y  O
K  A  N  I  R  E  L  A  B  P  T  F  A  W
T  R  A  S  T  E  A  T  M  Z  O  P  C  A
E  I  I  E  S  H  N  I  B  U  H  S  J  M
K  A  L  R  E  A  G  S  K  O  S  O  E  A
W  J  H  P  K  D  G  N  X  P  P  I  P  R
S  V  A  S  R  I  U  E  E  E  D  S  K  I
I  L  E  K  O  R  N  T  T  E  K  N  I  K
K  G  K  E  T  I  T  N  A  H  I  T  A  L
A  T  J  V  S  N  K  I  T  S  I  T  R  A
P  B  B  K  O  R  E  O  G  R  A  F  I  V
T  E  P  U  K  T  A  N  G  A  N  V  V  P
```

| | |
|---|---|
| KEAHLIAN | INTENSITAS |
| TEPUK TANGAN | OTOT |
| ARTISTIK | MUSIK |
| BALERINA | ORKESTRA |
| PENARI | PRAKTEK |
| KOMPOSER | LATIHAN |
| KOREOGRAFI | HADIRIN |
| EKSPRESIF | IRAMA |
| SIKAP | GAYA |
| ANGGUN | TEKNIK |

# 83 - Paesi #1

```
B  S  P  A  N  Y  O  L  X  Q  D  B  O  V
E  R  I  S  E  M  O  K  T  R  M  J  I  E
O  N  A  I  G  E  W  R  O  N  D  G  S  N
K  R  Z  Z  P  O  L  A  N  D  I  A  R  E
O  A  Y  B  I  L  T  S  I  E  J  F  A  Z
R  D  M  J  V  L  D  E  L  N  P  K  E  U
A  A  L  B  A  M  A  N  A  P  A  N  L  E
M  N  J  W  O  Y  X  E  M  P  X  M  T  L
N  A  M  R  E  J  T  G  X  X  N  K  U  A
G  K  Q  Z  S  U  A  A  I  N  D  I  A  R
S  A  R  X  B  U  V  L  Q  O  Z  E  E  O
X  R  C  F  F  I  N  L  A  N  D  I  A  Z
N  I  V  I  E  T  N  A  M  J  S  L  P  V
N  Z  M  R  Z  F  N  T  Z  O  X  M  T  U
```

| | |
|---|---|
| BRAZIL | MALI |
| KAMBOJA | MAROKO |
| KANADA | NORWEGIA |
| MESIR | PANAMA |
| FINLANDIA | POLANDIA |
| JERMAN | RUMANIA |
| INDIA | SENEGAL |
| IRAK | SPANYOL |
| ISRAEL | VENEZUELA |
| LIBYA | VIETNAM |

# 84 - Geometria

```
D I A M E T E R J A H K U D
D E K A L K U L A S I S E I
L I N G K A R A N Z E F G M
N E M G E S E G I T I G A E
P B V U D N G J M U P H P N
L O G I K A I N D D A O R S
T E O R I A V J P U R R O I
G X H T G M M R I S A I P S
S T Z E G A E Q U E L S O N
L F E M N S D S Y K E O R O
D O O I I R I F H E L N S M
K T J S T E A X G O R T I O
E G L Z J P N C E R U A P R
P E R M U K A A N B S L H U
```

TINGGI
SUDUT
KALKULASI
LINGKARAN
KURVA
DIAMETER
DIMENSI
PERSAMAAN
LOGIKA
MEDIAN

NOMOR
HORISONTAL
PARALEL
PROPORSI
SEGMEN
SIMETRI
PERMUKAAN
TEORI
SEGITIGA

# 85 - Edifici

```
L E T S O H K T N I D M O S
G A I S G P A R A N E M B U
F V B I C M S T T P Q T S P
L E T O H Z T P E A D Q E E
R L T E R K I H A B A B R R
C U B B N A L A T R K I V M
W J M D A D T L E I A O A A
S P U A P O A O R K B S T R
T S E G H O K K R I I K O K
A M S O G S Z E V I N O R E
D H U X J D A S T C U P I T
I S M Y M I F K A Z C M U V
O G U D A N G U I H R Z M D
N A A T U D E K I T Y W B D
```

KEDUTAAN
KABIN
KASTIL
BIOSKOP
PABRIK
GUDANG
HOTEL
LABORATORIUM
MUSEUM

RUMAH SAKIT
OBSERVATORIUM
HOSTEL
SEKOLAH
STADION
SUPERMARKET
TEATER
TENDA
MENARA

# 86 - Paesi #2

```
J I N D O N E S I A N P L E
E A I S U R R O A Z E N I T
P R L S T Y J H H L P Q B H
A F P B Q A K I A M A J E I
N N F G A N O X I I L F R O
G N I R Y N K F R N T F I P
P I D A K R I I U A U I A I
A G E D R O J A S N D S F A
K E N N J K B N U U L A O S
I R M A H I U C D Y J H C L
S I A G W S B Z A T S J R A
T A R U A K F H N H A W Q K
A L K E O E I R L A N D I A
N X C A Y M O X Z N P O I S
```

| | |
|---|---|
| ALBANIA | LIBERIA |
| DENMARK | MEKSIKO |
| ETHIOPIA | NEPAL |
| JAMAIKA | NIGERIA |
| JEPANG | PAKISTAN |
| YUNANI | RUSIA |
| HAITI | SURIAH |
| INDONESIA | SUDAN |
| IRLANDIA | UKRAINA |
| LAOS | UGANDA |

# 87 - Tipi di Capelli

```
C C E H P K P F M Y M I H H
P O N U B A U B A P W K Z I
I K K F J U T A H E S A S E
R E G E A S I P I T Z L P O
A P S U L A H Q M T E B A L
N A Y P L A L E M B U T N L
G N P E V F T N X Z V X R L
P G O R D I K E P A N G A S
N E M A H I H A H J H Q W C
E Z N K U K I D T G Y X R P
O X A D U Q T P S O H B E Y
N J B W E R A C A F B V B V
I E H D G K M P A N J A N G
C K E R I T I N G N I R E K
```

PERAK
KERING
PUTIH
PIRANG
PENDEK
BOTAK
BERWARNA
ABU-ABU
DIKEPANG
HALUS

PANJANG
COKELAT
LEMBUT
HITAM
KERITING
IKAL
SEHAT
TIPIS
TEBAL
KEPANG

# 88 - Vestiti

```
J E A N S T N I P S A B J Y
K N J T F O B K I E W L I D
O A J A J P X A Y P B U T R
R G L L S I D T A A L S Q A
G N A U F S W P M T F P A D
R A Y E N K W I A U N F R C
U T S B W G Y N R O Z K Y I
K G C E U S O G N A L E G J
N N E S J T B G Q M P L Q N
N U L B A A L A E R H E U Y
U R A S B N E N S W E T E R
K A N U A G D G P O I N J H
W S A V T U O A M U L A F W
F Y Y O K E M E L E C M V Q
```

GAUN
GELANG
BLUS
BAJU
TOPI
MANTEL
IKAT PINGGANG
KALUNG
JAS
ROK

CELEMEK
SARUNG TANGAN
JEANS
SWETER
MODE
CELANA
PIYAMA
SANDAL
SEPATU
SYAL

# 89 - Attività e Tempo Libero

```
T  I  C  B  E  R  S  E  L  A  N  C  A  R
S  E  T  D  M  V  Z  W  D  J  M  S  Q  B
A  S  N  N  M  A  L  E  Y  N  E  M  E  O
N  Z  F  I  T  I  N  J  U  A  M  B  T  L
T  Y  B  N  S  M  F  S  B  L  A  Z  S  A
A  R  M  E  K  U  L  K  I  E  N  Y  E  V
I  J  Z  S  G  G  O  B  S  B  C  X  P  O
C  A  M  P  I  N  G  E  B  S  I  R  A  L
B  A  S  K  E  T  I  R  O  Z  N  E  K  I
H  S  K  J  Q  G  Q  K  L  P  G  N  B  Z
B  O  N  P  O  L  P  E  I  H  N  A  O  J
Z  C  B  A  W  R  U  B  B  H  C  N  L  U
F  K  P  I  G  J  C  U  I  H  U  G  A  L
K  I  G  U  X  E  S  N  A  S  I  K  U  L
```

| | |
|---|---|
| SENI | MENYELAM |
| BISBOL | RENANG |
| BASKET | BOLA VOLI |
| TINJU | MEMANCING |
| SEPAK BOLA | LUKISAN |
| CAMPING | SANTAI |
| HIKING | BELANJA |
| BERKEBUN | BERSELANCAR |
| GOLF | TENIS |
| HOBI | |

# 90 - Meteo

```
V U R Z D V V Y C K L S G Q
C T W S M Z O Y W E E I S O
A N G I N M D H E R M U U K
E S O Q O I A W F I B N A I
P X L G N A N E T N A Z S K
V E B Q U V R C S G B Y A L
W H T T Z N O Y I P M B N I
R B U I N F T Z P E U A A M
O P B G R S R U O L S D E P
A W A N D N U M R A I A I G
D J K A T R S H T N M I W T
C E T L C D F W U G Q G X L
K U T U B Z U S U I K N V G
K E K E R I N G A N W B N Q
```

PELANGI          AWAN
KERING           KUTUB
SUASANA          KEKERINGAN
TENANG           SUHU
LANGIT           BADAI
IKLIM            TORNADO
PETIR            TROPIS
ES               GUNTUR
MUSIM            LEMBAB
KABUT            ANGIN

# 91 - Corpo Umano

```
K  M  K  B  R  W  U  F  K  L  Y  S  W  H
U  U  K  E  P  A  L  A  D  E  L  Y  M  R
L  L  A  L  X  S  D  S  Z  A  U  H  A  B
I  U  P  E  E  R  N  O  Q  V  T  Q  G  C
T  T  W  E  B  H  B  A  E  Q  U  W  N  H
Y  F  P  B  W  Q  S  I  I  I  T  S  I  D
S  I  K  U  H  I  D  U  N  G  P  F  L  A
D  T  C  M  H  S  E  R  Q  E  Q  V  E  R
N  A  G  N  A  T  Q  D  Q  N  T  Q  T  A
R  H  O  Q  M  V  K  H  S  H  I  W  B  H
P  E  R  U  T  I  R  A  J  G  J  Z  K  D
Y  K  H  U  F  F  H  J  K  N  M  G  C  A
R  E  L  E  G  O  T  A  K  I  Z  I  H  G
K  A  D  A  L  S  N  W  D  M  A  T  A  U
```

| | |
|---|---|
| MULUT | TANGAN |
| OTAK | DAGU |
| LEHER | HIDUNG |
| HATI | MATA |
| JARI | TELINGA |
| WAJAH | KULIT |
| DAHI | DARAH |
| KAKI | BAHU |
| LUTUT | PERUT |
| SIKU | KEPALA |

# 92 - Mammiferi

```
B A N T E N G K N R R G H Y
Y L V K A P J U D N O U S Z
D I P W F I R C N J T T S O
S R K B E P T I R U B A H A
M O N Y E T T N M C L B A L
D G T P N Y O G K N U M J A
K A N G U R U Y T K M O A G
J B E R U A N G O I B D G I
K E S I N G A N P C A E F R
N F R Z Z D M I A N L Q P E
W I D A D U K J U I U B O S
T X X E P A E N S L M Z T R
Z E B R A A P A F E B J X K
H O G M E L H G G K A R M O
```

| | |
|---|---|
| PAUS | JERAPAH |
| ANJING | GORILA |
| KANGURU | SINGA |
| KUDA | SERIGALA |
| RUSA | BERUANG |
| KELINCI | DOMBA |
| COYOTE | MONYET |
| LUMBA-LUMBA | BANTENG |
| GAJAH | RUBAH |
| KUCING | ZEBRA |

# 93 - Arrampicata

```
K  S  R  K  H  A  N  H  K  P  S  M  J  T
E  E  D  E  L  I  B  S  E  T  M  E  S  A
K  P  S  I  B  N  K  H  M  L  E  D  D  N
U  A  A  N  L  A  H  I  O  E  M  A  R  T
A  T  T  G  N  I  O  T  N  R  H  N  K  A
T  U  I  I  S  G  Q  P  T  G  Z  E  S  N
A  B  L  N  N  G  S  J  N  V  N  E  X  G
N  O  I  T  U  N  S  U  A  S  A  N  A  A
K  T  B  A  G  I  P  F  D  U  U  W  T  N
M  N  A  H  I  T  A  L  E  P  G  R  E  F
F  B  T  U  C  E  D  E  R  A  W  L  P  I
U  I  S  A  K  K  S  E  M  P  I  T  S  S
U  P  C  N  P  A  N  D  U  A  N  Z  S  I
G  I  G  Q  A  H  L  I  C  P  P  E  N  K
```

| | |
|---|---|
| KETINGGIAN | GUA |
| SUASANA | PANDUAN |
| HELM | CEDERA |
| KEINGINTAHUAN | PETA |
| HIKING | TANTANGAN |
| AHLI | STABILITAS |
| FISIK | SEPATU BOT |
| PELATIHAN | SEMPIT |
| KEKUATAN | MEDAN |

# 94 - Universo

```
T E J H R T F X M B X P G T
E A S T E R O I D U P A A R
R C F A X P L T D L G S R P
L T E L E S K O P A A T I V
I I I L N E V I N N L R S A
H B O G C O G I F L A O B S
A R O E N B U E Y Q K N U U
T O S H B A R X W S S O J A
S U R Y A H L P T K I M U S
B E L A H A N B U M I I R A
A S T R O N O M I N Q I H N
K H A T U L I S T I W A B A
Y H O R I S O N K O S M I K
S O L S T I C E Z O D I A K
```

ASTEROID
ASTRONOMI
ASTRONOM
SUASANA
LANGIT
KOSMIK
BELAHAN BUMI
KHATULISTIWA
GALAKSI

GARIS BUJUR
BULAN
ORBIT
HORISON
SURYA
SOLSTICE
TELESKOP
TERLIHAT
ZODIAK

# 95 - Jazz

```
T  G  N  I  X  G  L  E  N  K  K  P  N  K
T  W  O  T  X  T  A  K  A  B  O  T  H  O
A  E  Z  S  A  D  E  Y  N  N  M  E  M  M
M  A  P  K  Y  O  J  B  A  D  P  R  B  P
A  L  B  U  M  A  X  Z  K  B  O  K  A  O
R  P  P  Z  D  E  R  N  E  G  S  E  R  S
I  G  J  H  W  L  G  T  T  V  I  N  U  E
K  O  N  S  E  R  X  E  S  U  S  A  G  R
T  I  R  O  V  A  F  K  I  E  I  L  A  R
T  C  S  T  U  A  P  N  T  V  K  B  L  F
L  K  T  U  I  L  H  I  R  H  P  R  Z  Y
C  W  Q  J  M  H  P  K  A  L  W  Z  O  R
I  M  P  R  O  V  I  S  A  S  I  S  J  L
T  E  P  U  K  T  A  N  G  A  N  D  D  N
```

| | |
|---|---|
| ALBUM | IMPROVISASI |
| TEPUK TANGAN | MUSIK |
| ARTIS | BARU |
| LAGU | ORKESTRA |
| KOMPOSER | FAVORIT |
| KOMPOSISI | IRAMA |
| KONSER | GAYA |
| TEKANAN | BAKAT |
| TERKENAL | TEKNIK |
| GENRE | TUA |

# 96 - Vacanze #2

```
W R T F E A R A D N A B G G
Z E R E E L E T O H S A B Z
P S A N W E K Y T M I G F Y
A T N A A Q R R K H V N P P
S O S U T N E Y Q V K I C C
P R P J E U A L U P I P N M
O A O U P I S L O J M M K T
R N R T G N I S A G N A R O
X G T K E R E T A J A C M T
O U A T V Z K Y T F R C Z O
L R S X E S H M A G U E I F
U A I A T N A P K R B U P N
V Z U E G H D M S T I B X L
F X T T O W O A I V L A W P
```

BANDARA

CAMPING

TUJUAN

FOTO

HOTEL

PULAU

PETA

LAUT

PASPOR

RESTORAN

PANTAI

ORANG ASING

TAKSI

REKREASI

TENDA

TRANSPORTASI

KERETA

LIBURAN

PERJALANAN

VISA

# 97 - Attività

```
Q  S  G  I  W  E  P  U  A  F  N  P  K  B
K  E  M  E  H  I  D  R  W  O  H  E  E  E
G  N  U  B  E  K  R  E  B  T  P  R  S  R
N  I  S  A  E  R  K  E  R  O  V  M  E  B
I  S  A  S  K  A  L  E  R  G  A  A  N  U
P  I  O  X  Z  A  C  V  P  R  H  I  A  R
M  U  C  Q  N  C  A  Y  N  A  O  N  N  U
A  D  Z  W  A  A  T  T  Y  F  G  A  G  S
C  B  C  Z  I  B  S  M  R  I  T  N  A  F
G  Y  G  K  L  M  G  N  I  K  I  H  N  C
P  O  L  C  H  E  Y  L  H  N  H  V  T  V
I  M  N  I  A  M  I  K  I  M  A  R  E  K
M  H  M  N  E  A  B  Z  S  J  J  T  J  Z
Y  U  J  O  K  M  E  M  A  N  C  I  N  G
```

KEAHLIAN
SENI
BERBURU
CAMPING
KERAMIK
JAHIT
HIKING
FOTOGRAFI
BERKEBUN

PERMAINAN
MINAT
MEMBACA
SIHIR
MEMANCING
KESENANGAN
PUZZLE
RELAKSASI
REKREASI

# 98 - Diplomazia

```
P  P  O  L  I  T  I  K  T  N  C  K  K  I
K  E  K  R  Y  E  B  A  K  I  T  E  E  C
I  E  M  R  E  S  O  L  U  S  I  R  A  T
L  W  D  E  G  Y  O  X  Z  R  B  J  D  P
F  A  H  U  R  E  A  U  H  D  J  A  I  E
N  R  D  F  T  I  T  M  P  Q  Z  S  L  N
O  G  H  V  C  A  N  C  X  R  O  A  A  A
K  A  W  F  D  H  A  T  I  O  R  M  N  S
N  I  N  Q  N  S  A  N  A  V  Y  A  D  I
D  U  T  A  B  E  S  A  R  H  I  V  G  H
K  E  A  M  A  N  A  N  J  F  G  C  U  A
D  I  S  K  U  S  I  S  U  L  O  S  V  T
O  F  I  N  T  E  G  R  I  T  A  S  V  S
K  O  M  U  N  I  T  A  S  M  M  Z  H  J
```

KEDUTAAN
DUTA BESAR
WARGA
CIVIC
KOMUNITAS
KONFLIK
PENASIHAT
KERJA SAMA
DISKUSI

ETIKA
KEADILAN
PEMERINTAH
INTEGRITAS
POLITIK
RESOLUSI
KEAMANAN
SOLUSI

# 99 - Forniture Artistiche

```
L I M K D Q G D K K M X R K
V E G A G M B E F R W G F L
C R O M F L I S N E P Y E B
L F U E I E J A I A O W R J
K S G R R S W W T T A A B V
E U N A W A X I C I S R U K
R P A S T E L V T V K N C A
T A R C G A J E M I I A H Y
A H A H A E K H E T D V C N
S G D E Z T N I L A E U M I
W N N I Z Q A V S S E J Y M
B E S Q K I L I R K A U Y Y
P P T I N T A P R J H I B D
T A N A H L I A T T G J R M
```

AIR
CAT AIR
AKRILIK
TANAH LIAT
ARANG
KERTAS
EASEL
LEM
WARNA
KREATIVITAS

PENGHAPUS
IDE
TINTA
PENSIL
MINYAK
PASTEL
KURSI
SIKAT
MEJA
KAMERA

# 100 - Misurazioni

```
O  K  S  Q  C  M  R  J  G  S  Q  J  R  X
G  N  I  G  G  N  I  T  A  J  A  R  E  D
R  A  S  L  T  O  K  O  Q  H  X  K  T  P
A  M  L  Y  O  I  D  Y  O  Y  Y  N  E  I
M  A  E  F  B  G  N  A  J  N  A  P  M  N
I  L  M  R  H  L  R  Q  D  J  D  U  I  T
N  A  U  E  J  Q  A  A  I  I  H  L  T  S
I  D  L  T  N  O  T  F  M  S  G  I  N  T
X  E  O  E  L  I  B  Y  T  E  B  T  E  X
R  K  V  M  E  K  T  A  R  E  B  E  S  T
G  J  H  O  B  F  K  J  G  N  P  R  G  Y
V  C  T  L  A  M  I  S  E  D  I  N  C  I
K  U  J  I  R  E  T  E  M  O  Y  A  F  S
J  F  T  K  V  M  E  V  T  F  E  Z  G  E
```

| | |
|---|---|
| TINGGI | PANJANG |
| BYTE | METER |
| SENTIMETER | MENIT |
| KILOGRAM | ONS |
| KILOMETER | BERAT |
| DESIMAL | PINT |
| DERAJAT | INCI |
| GRAM | KEDALAMAN |
| LEBAR | TON |
| LITER | VOLUME |

# 1 - Scacchi

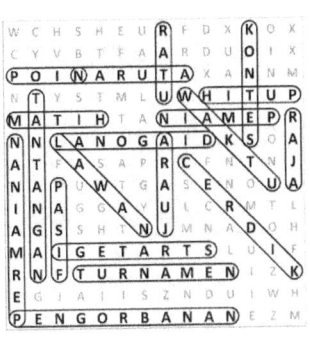

# 2 - Salute e Benessere #2

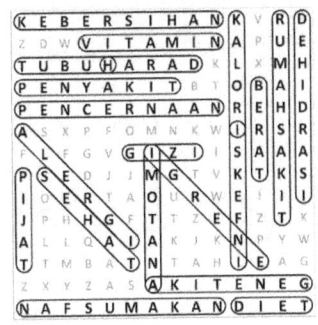

# 3 - Aggettivi #2

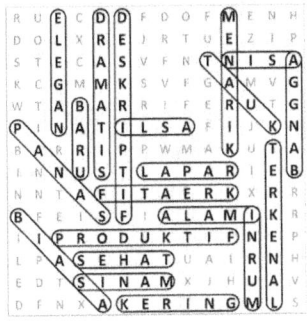

# 4 - Pesca

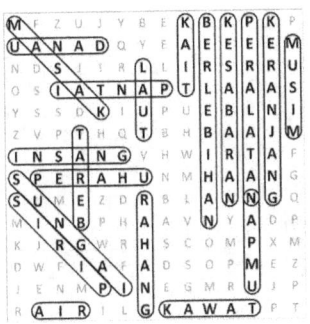

# 5 - Ingegneria

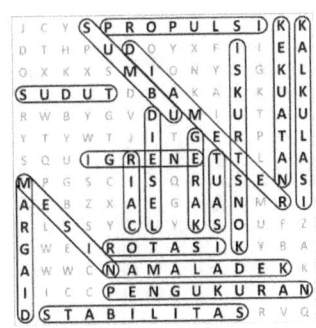

# 6 - Archeologia

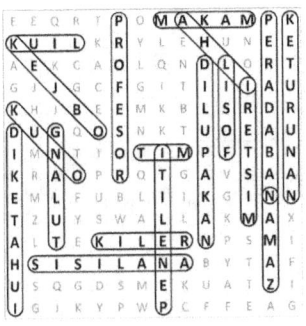

# 7 - Salute e Benessere #1

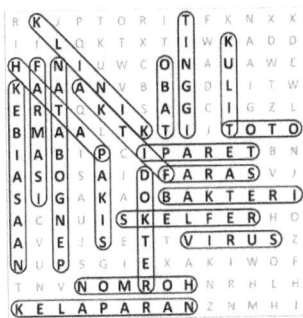

# 8 - Aggettivi #1

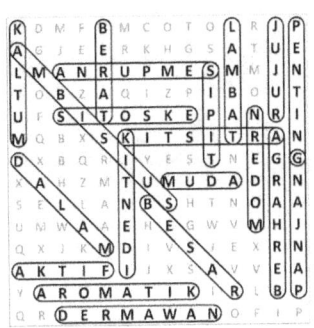

# 9 - Geologia

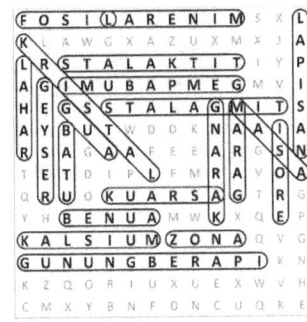

# 10 - Campeggio

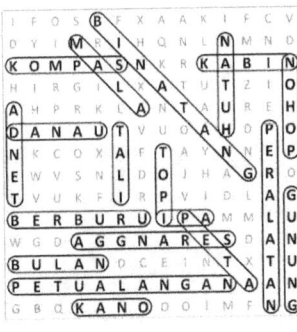

# 11 - Arti Visive

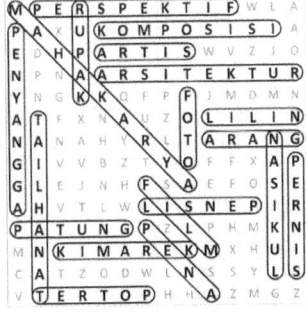

# 12 - Tempo

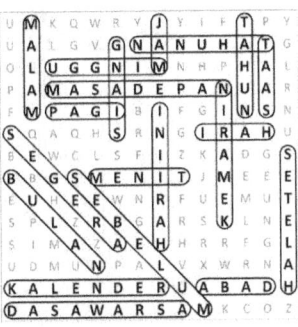

## 13 - Astronomia

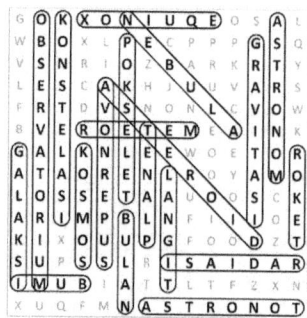

## 14 - Circo

## 15 - Algebra

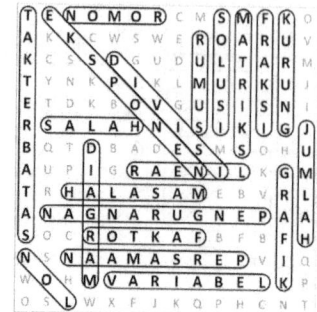

## 16 - Mitologia

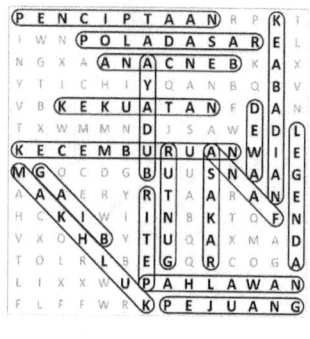

## 17 - Piante

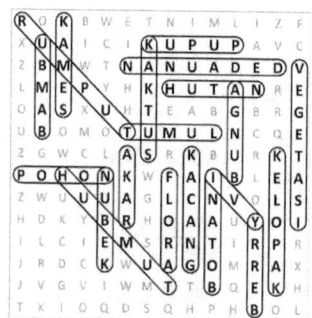

## 18 - Spezie

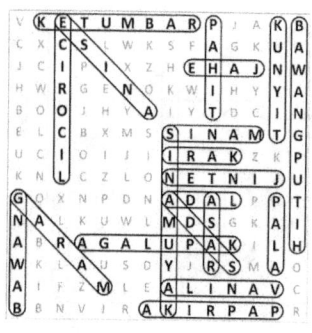

## 19 - Numeri

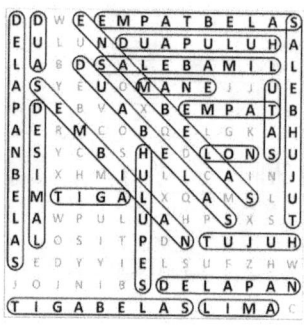

## 20 - Cioccolato

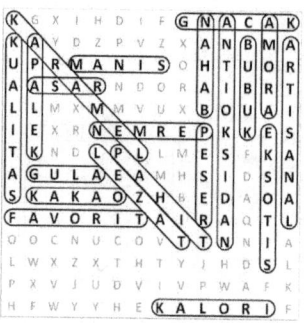

## 21 - Guida

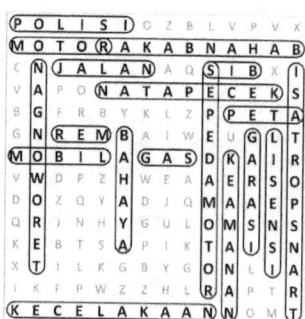

## 22 - I Media

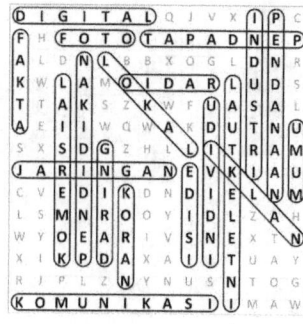

## 23 - Forza e Gravità

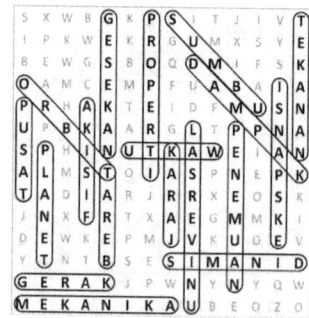

## 24 - Caffè

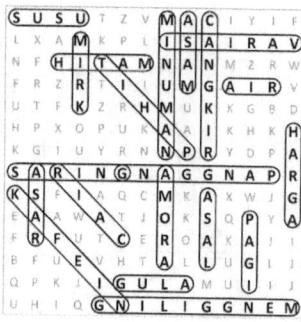

## 25 - Uccelli

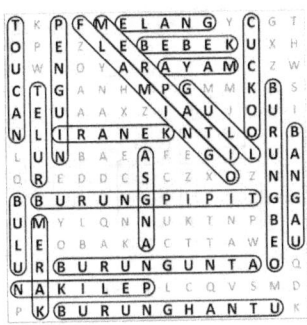

## 26 - Giorni e Mesi

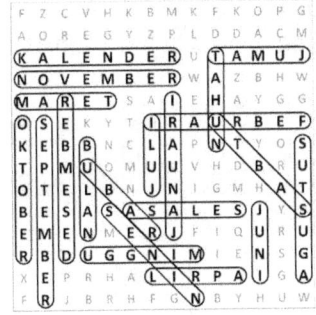

## 27 - Casa

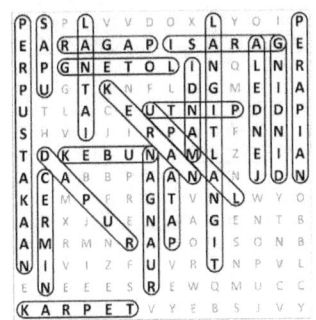

## 28 - Fantascienza

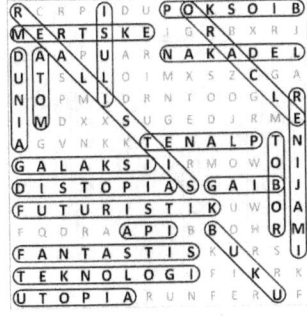

## 29 - Città

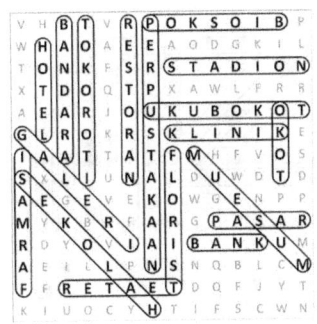

## 30 - Fattoria #1

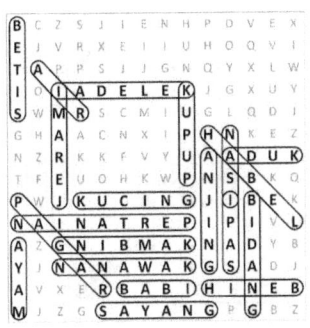

## 31 - Psicologia

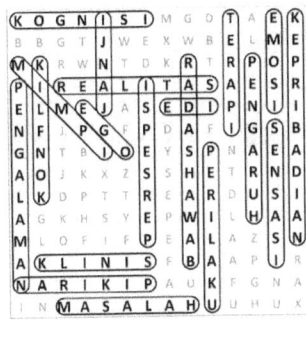

## 32 - Paesaggi

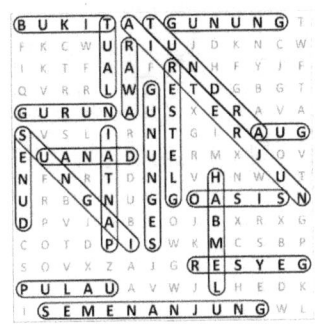

## 33 - Energia

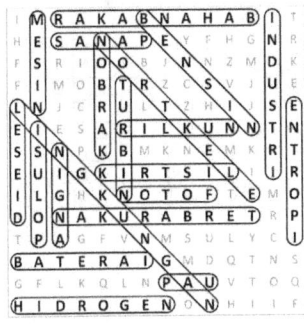

## 34 - Ristorante #2

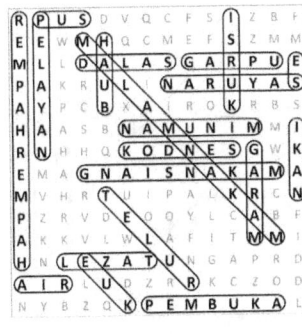

## 35 - Moda

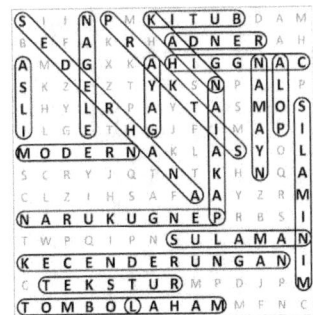

## 36 - L'Azienda

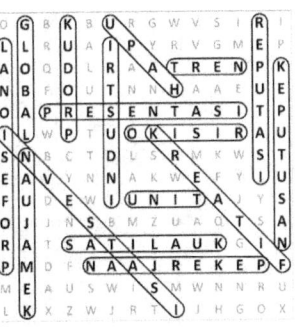

## 37 - Giardino

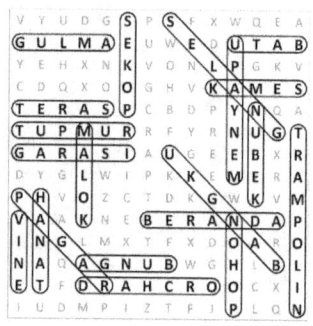

## 38 - Frutta

## 39 - Fattoria #2

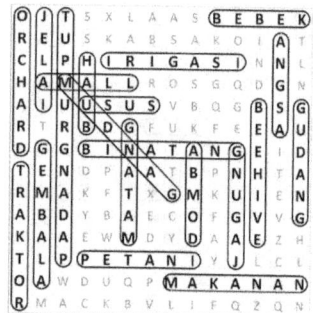

## 40 - Verdure

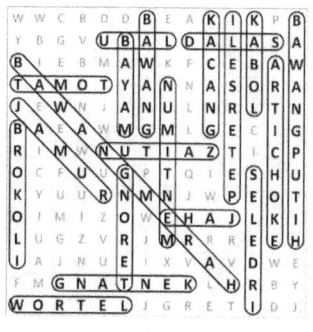

## 41 - Musica

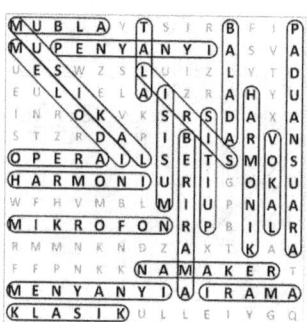

## 42 - Barbecue

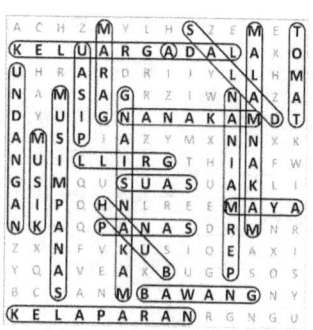

## 43 - Insetti

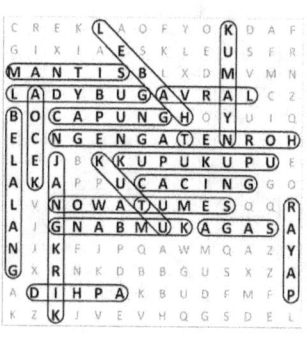

## 44 - Fisica

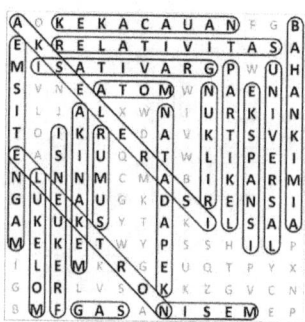

## 45 - Erboristeria

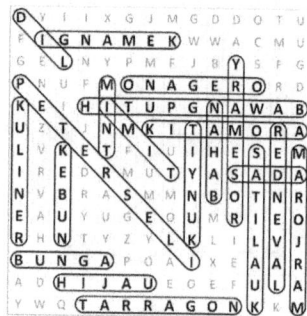

## 46 - Danza

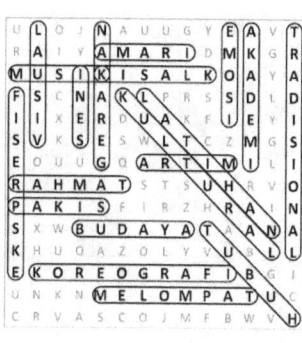

## 47 - Attività Commerciale

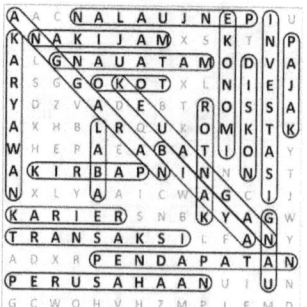

## 48 - Fiori

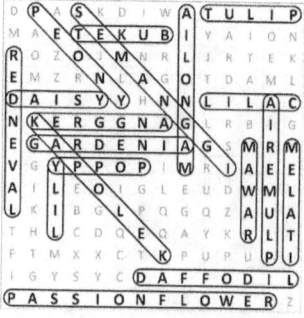

## 49 - Filantropia

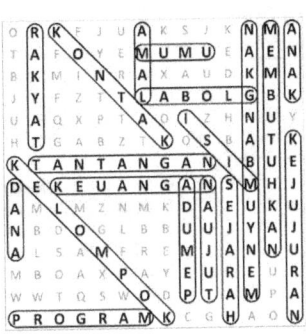

## 50 - Ecologia

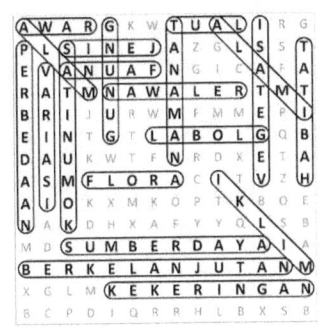

## 51 - Discipline Scientifiche

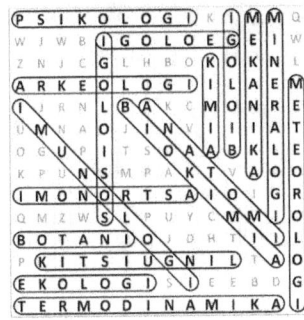

## 52 - Scienza

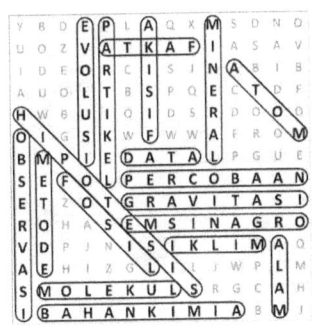

## 53 - Boxe

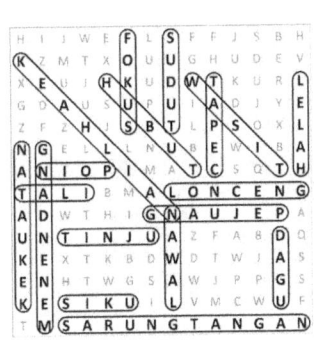

## 54 - Imbarcazioni

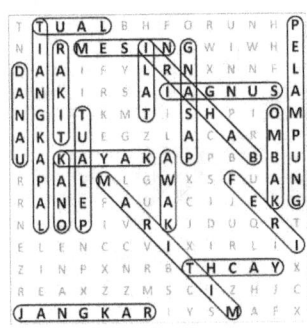

## 55 - Chimica

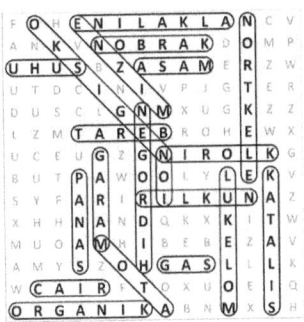

## 56 - Api

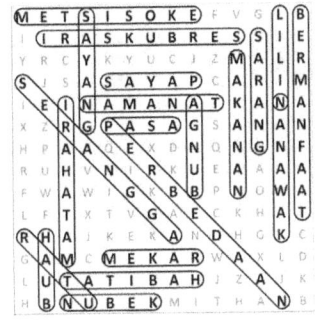

## 57 - Strumenti Musicali

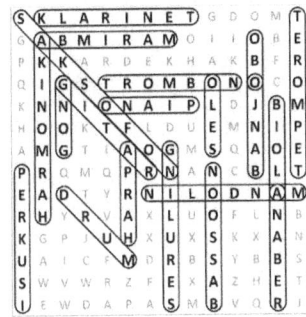

## 58 - Professioni #2

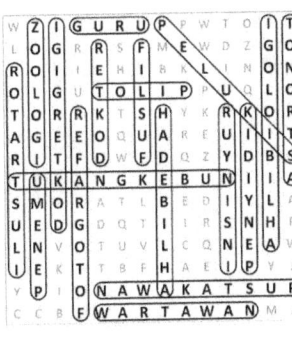

## 59 - Letteratura

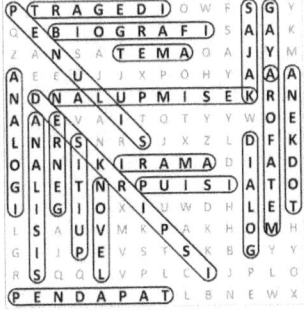

## 60 - Cibo #2

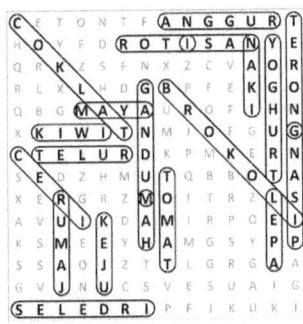

## 61 - Nutrizione

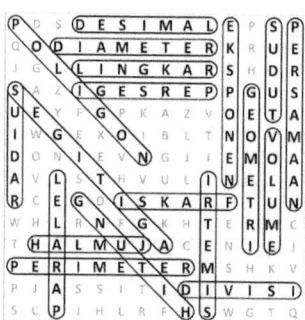

## 62 - Matematica

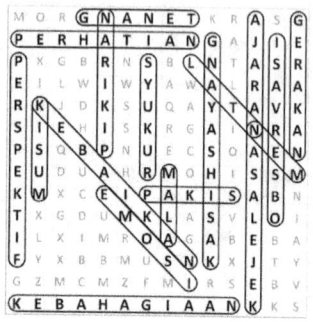

## 63 - Meditazione

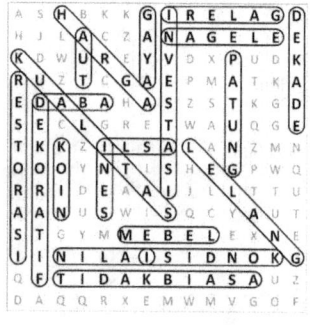

## 64 - Antiquariato

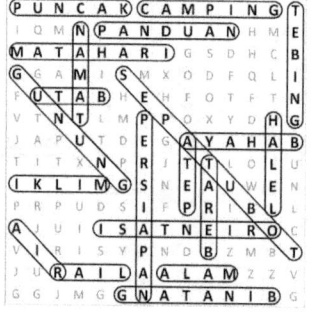

## 65 - Escursionismo

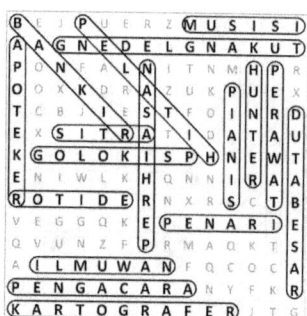

## 66 - Professioni #1

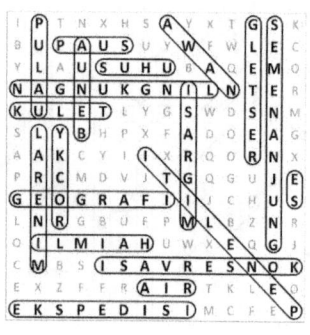

## 67 - Antartide

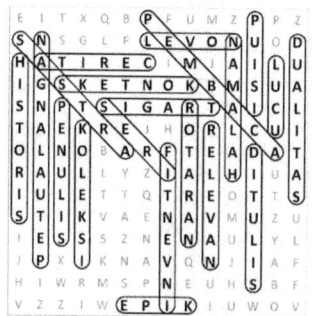

## 68 - Libri

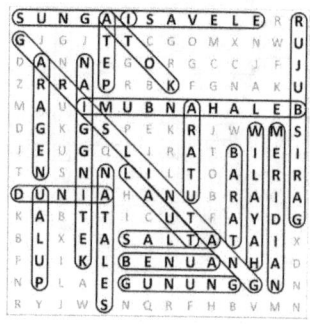

## 69 - Geografia

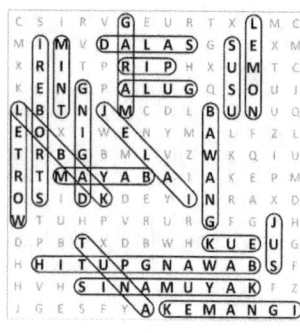

## 70 - Cibo #1

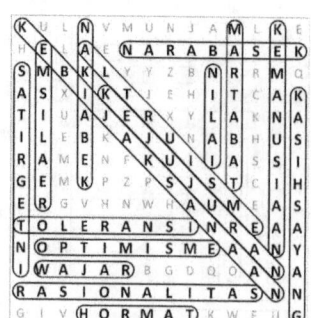

## 71 - Etica

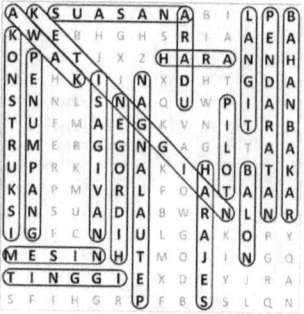

## 72 - Aeroplani

## 73 - Governo

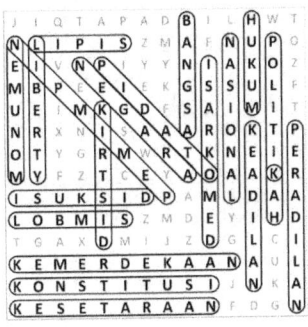

## 74 - Bellezza

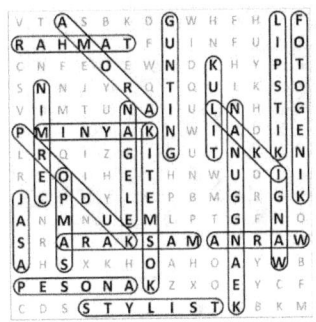

## 75 - Avventura

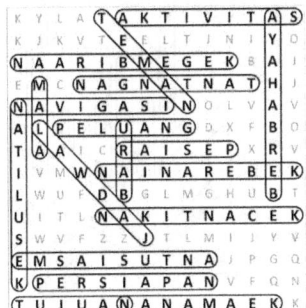

## 76 - Forme

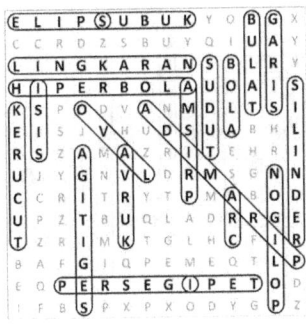

## 77 - Oceano

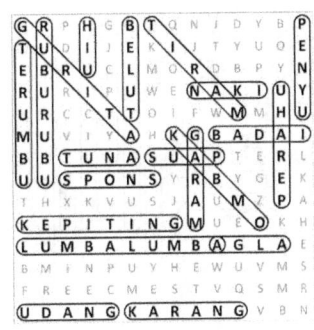

## 78 - Creatività

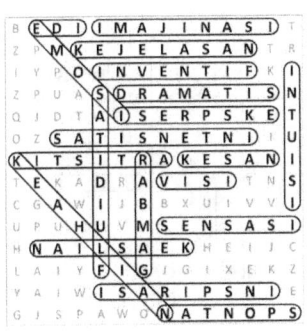

## 79 - Veicoli

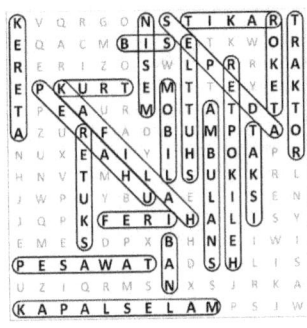

## 80 - Emozioni

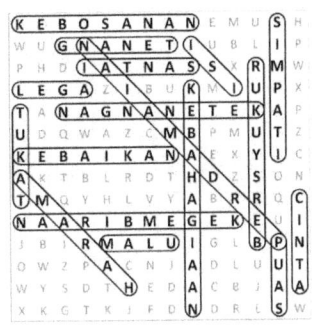

## 81 - Natura

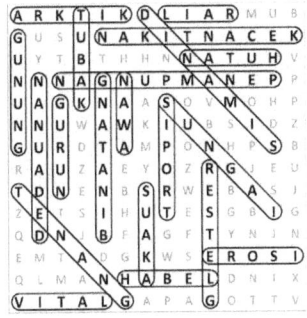

## 82 - Balletto

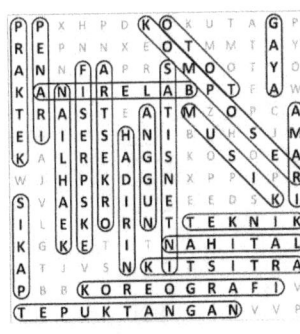

## 83 - Paesi #1

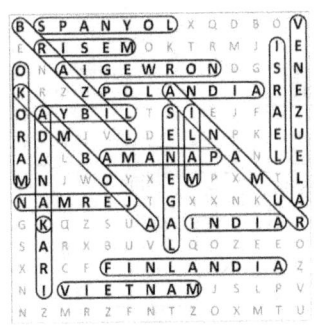

## 84 - Geometria

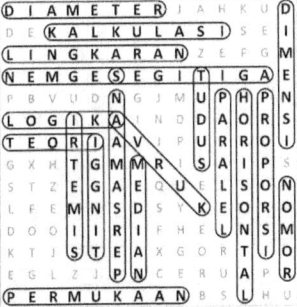

## 85 - Edifici

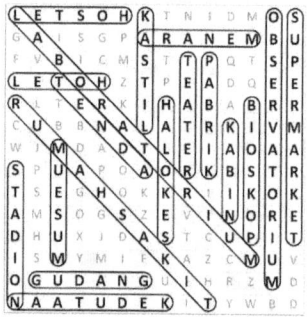

## 86 - Paesi #2

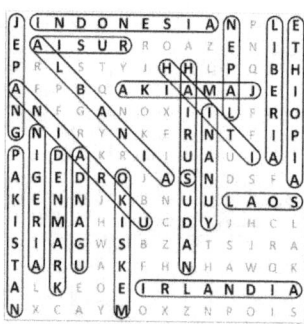

## 87 - Tipi di Capelli

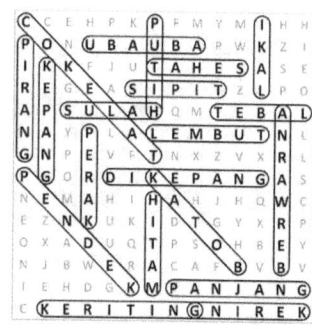

## 88 - Vestiti

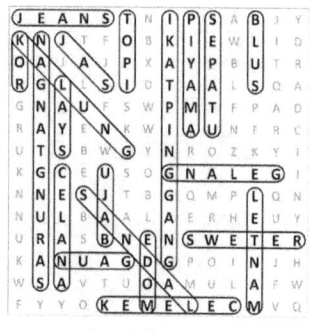

## 89 - Attività e Tempo Libero

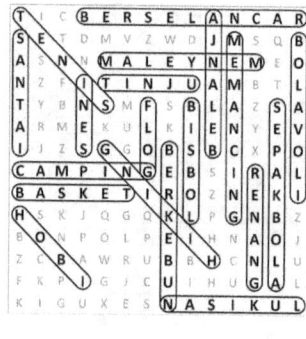

## 90 - Meteo

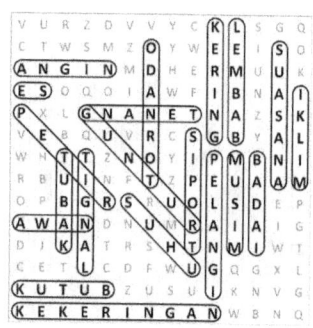

## 91 - Corpo Umano

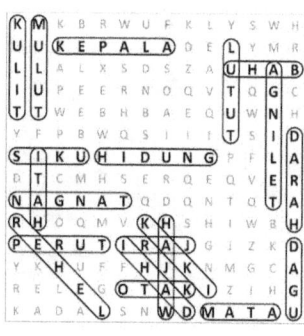

## 92 - Mammiferi

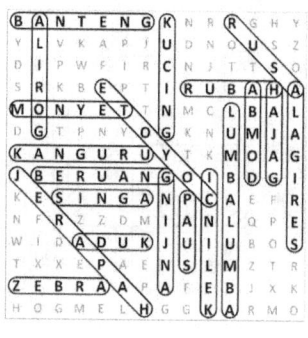

## 93 - Arrampicata

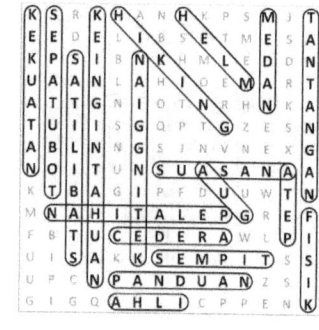

## 94 - Universo

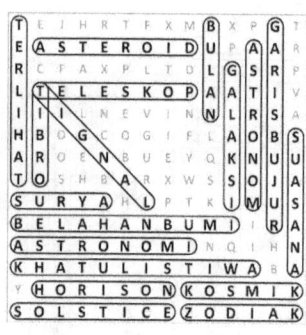

## 95 - Jazz

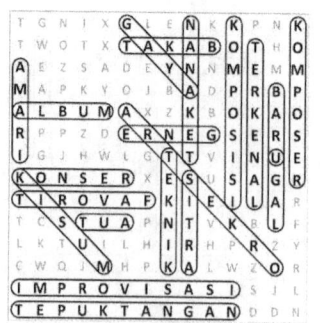

## 96 - Vacanze #2

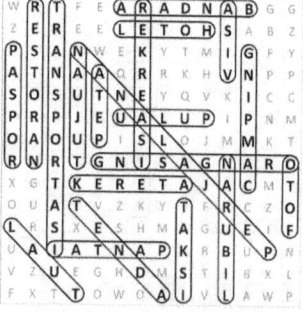

## 97 - Attività

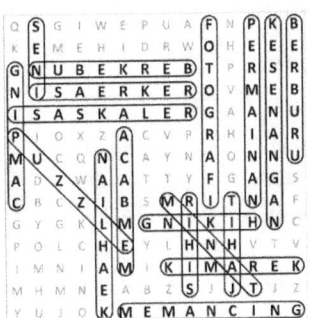

## 98 - Diplomazia

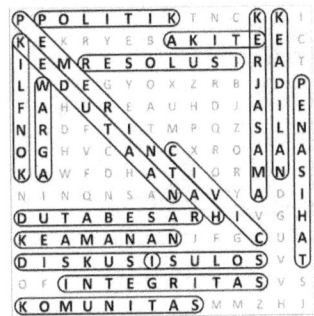

## 99 - Forniture Artistiche

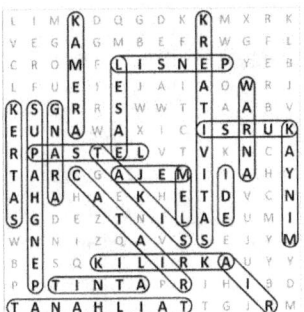

## 100 - Misurazioni

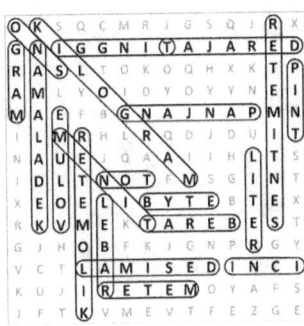

# Dizionario

### Aeroplani
Pesawat Terbang

| Italiano | Indonesiano |
|---|---|
| **Altezza** | Tinggi |
| **Altitudine** | Ketinggian |
| **Aria** | Udara |
| **Atmosfera** | Suasana |
| **Atterraggio** | Pendaratan |
| **Avventura** | Petualangan |
| **Carburante** | Bahan Bakar |
| **Cielo** | Langit |
| **Costruzione** | Konstruksi |
| **Direzione** | Arah |
| **Discesa** | Keturunan |
| **Equipaggio** | Awak |
| **Idrogeno** | Hidrogen |
| **Motore** | Mesin |
| **Navigare** | Navigasi |
| **Palloncino** | Balon |
| **Passeggero** | Penumpang |
| **Pilota** | Pilot |
| **Storia** | Sejarah |
| **Turbolenza** | Turbulensi |

### Aggettivi #1
Kata Sifat # 1

| Italiano | Indonesiano |
|---|---|
| **Ambizioso** | Ambisius |
| **Aromatico** | Aromatik |
| **Artistico** | Artistik |
| **Assoluto** | Mutlak |
| **Attivo** | Aktif |
| **Enorme** | Besar |
| **Esotico** | Eksotis |
| **Generoso** | Dermawan |
| **Giovane** | Muda |
| **Identico** | Identik |
| **Importante** | Penting |
| **Lento** | Lambat |
| **Lungo** | Panjang |
| **Moderno** | Modern |
| **Onesto** | Jujur |
| **Perfetto** | Sempurna |
| **Pesante** | Berat |
| **Prezioso** | Berharga |
| **Profondo** | Dalam |
| **Sottile** | Tipis |

### Aggettivi #2
Kata Sifat #2

| Italiano | Indonesiano |
|---|---|
| **Affamato** | Lapar |
| **Asciutto** | Kering |
| **Autentico** | Asli |
| **Caldo** | Panas |
| **Creativo** | Kreatif |
| **Descrittivo** | Deskriptif |
| **Dolce** | Manis |
| **Drammatico** | Dramatis |
| **Elegante** | Elegan |
| **Famoso** | Terkenal |
| **Forte** | Kuat |
| **Interessante** | Menarik |
| **Naturale** | Alami |
| **Normale** | Biasa |
| **Nuovo** | Baru |
| **Orgoglioso** | Bangga |
| **Produttivo** | Produktif |
| **Puro** | Murni |
| **Salato** | Asin |
| **Sano** | Sehat |

### Algebra
Aljabar

| Italiano | Indonesiano |
|---|---|
| **Diagramma** | Diagram |
| **Divisione** | Divisi |
| **Equazione** | Persamaan |
| **Esponente** | Eksponen |
| **Falso** | Salah |
| **Fattore** | Faktor |
| **Formula** | Rumus |
| **Frazione** | Fraksi |
| **Grafico** | Grafik |
| **Infinito** | Tak Terbatas |
| **Lineare** | Linear |
| **Matrice** | Matriks |
| **Numero** | Nomor |
| **Parentesi** | Kurung |
| **Problema** | Masalah |
| **Soluzione** | Solusi |
| **Somma** | Jumlah |
| **Sottrazione** | Pengurangan |
| **Variabile** | Variabel |
| **Zero** | Nol |

### Antartide
Antartika

| Italiano | Indonesiano |
|---|---|
| **Acqua** | Air |
| **Ambiente** | Lingkungan |
| **Baia** | Teluk |
| **Balene** | Paus |
| **Conservazione** | Konservasi |
| **Continente** | Benua |
| **Geografia** | Geografi |
| **Ghiacciai** | Gletser |
| **Ghiaccio** | Es |
| **Isole** | Pulau |
| **Migrazione** | Migrasi |
| **Minerali** | Mineral |
| **Nuvole** | Awan |
| **Penisola** | Semenanjung |
| **Ricercatore** | Peneliti |
| **Roccioso** | Rocky |
| **Scientifico** | Ilmiah |
| **Spedizione** | Ekspedisi |
| **Temperatura** | Suhu |
| **Topografia** | Topografi |

### Antiquariato
Barang Antik

| Italiano | Indonesiano |
|---|---|
| **Arte** | Seni |
| **Asta** | Lelang |
| **Autentico** | Asli |
| **Condizione** | Kondisi |
| **Decenni** | Dekade |
| **Decorativo** | Dekoratif |
| **Elegante** | Elegan |
| **Galleria** | Galeri |
| **Insolito** | Tidak Biasa |
| **Investimento** | Investasi |
| **Mobilio** | Mebel |
| **Monete** | Koin |
| **Prezzo** | Harga |
| **Qualità** | Kualitas |
| **Restauro** | Restorasi |
| **Scultura** | Patung |
| **Secolo** | Abad |
| **Stile** | Gaya |
| **Valore** | Nilai |
| **Vecchio** | Tua |

## Api
### Lebah

| | |
|---|---|
| **Ali** | Sayap |
| **Alveare** | Sarang |
| **Benefico** | Bermanfaat |
| **Cera** | Lilin |
| **Cibo** | Makanan |
| **Diversità** | Perbedaan |
| **Ecosistema** | Ekosistem |
| **Fiori** | Bunga |
| **Fiorire** | Mekar |
| **Frutta** | Buah |
| **Fumo** | Asap |
| **Giardino** | Kebun |
| **Habitat** | Habitat |
| **Insetto** | Serangga |
| **Miele** | Sayang |
| **Piante** | Tanaman |
| **Polline** | Serbuk Sari |
| **Regina** | Ratu |
| **Sciame** | Kawanan |
| **Sole** | Matahari |

## Archeologia
### Arkeologi

| | |
|---|---|
| **Analisi** | Analisis |
| **Antichità** | Jaman Dahulu |
| **Antico** | Kuno |
| **Civiltà** | Peradaban |
| **Dimenticato** | Dilupakan |
| **Discendente** | Keturunan |
| **Era** | Zaman |
| **Esperto** | Ahli |
| **Fossile** | Fosil |
| **Mistero** | Misteri |
| **Oggetti** | Objek |
| **Ossa** | Tulang |
| **Professore** | Profesor |
| **Reliquia** | Relik |
| **Ricercatore** | Peneliti |
| **Sconosciuto** | Diketahui |
| **Squadra** | Tim |
| **Tempio** | Kuil |
| **Tomba** | Makam |
| **Valutazione** | Evaluasi |

## Arrampicata
### Pendakian

| | |
|---|---|
| **Altitudine** | Ketinggian |
| **Atmosfera** | Suasana |
| **Casco** | Helm |
| **Curiosità** | Keingintahuan |
| **Escursioni** | Hiking |
| **Esperto** | Ahli |
| **Fisico** | Fisik |
| **Formazione** | Pelatihan |
| **Forza** | Kekuatan |
| **Grotta** | Gua |
| **Guanti** | Sarung Tangan |
| **Guide** | Panduan |
| **Lesione** | Cedera |
| **Mappa** | Peta |
| **Sfide** | Tantangan |
| **Stabilità** | Stabilitas |
| **Stivali** | Sepatu Bot |
| **Stretto** | Sempit |
| **Terreno** | Medan |

## Arti Visive
### Seni Visual

| | |
|---|---|
| **Architettura** | Arsitektur |
| **Argilla** | Tanah Liat |
| **Artista** | Artis |
| **Capolavoro** | Mahakarya |
| **Carbone** | Arang |
| **Cavalletto** | Penyangga |
| **Cera** | Lilin |
| **Ceramica** | Keramik |
| **Composizione** | Komposisi |
| **Creatività** | Kreativitas |
| **Film** | Film |
| **Fotografia** | Foto |
| **Gesso** | Kapur |
| **Matita** | Pensil |
| **Penna** | Pena |
| **Pittura** | Lukisan |
| **Prospettiva** | Perspektif |
| **Ritratto** | Potret |
| **Scultura** | Patung |
| **Vernice** | Pernis |

## Astronomia
### Astronomi

| | |
|---|---|
| **Asteroide** | Asteroid |
| **Astronauta** | Astronot |
| **Astronomo** | Astronom |
| **Cielo** | Langit |
| **Cosmo** | Kosmos |
| **Costellazione** | Konstelasi |
| **Equinozio** | Equinox |
| **Galassia** | Galaksi |
| **Gravità** | Gravitasi |
| **Luna** | Bulan |
| **Meteora** | Meteor |
| **Nebulosa** | Nebula |
| **Osservatorio** | Observatorium |
| **Pianeta** | Planet |
| **Radiazione** | Radiasi |
| **Razzo** | Roket |
| **Supernova** | Supernova |
| **Telescopio** | Teleskop |
| **Terra** | Bumi |
| **Universo** | Alam Semesta |

## Attività
### Kegiatan

| | |
|---|---|
| **Abilità** | Keahlian |
| **Arte** | Seni |
| **Artigianato** | Kerajinan |
| **Attività** | Aktivitas |
| **Caccia** | Berburu |
| **Campeggio** | Camping |
| **Ceramica** | Keramik |
| **Cucire** | Jahit |
| **Escursioni** | Hiking |
| **Fotografia** | Fotografi |
| **Giardinaggio** | Berkebun |
| **Giochi** | Permainan |
| **Interessi** | Minat |
| **Lettura** | Membaca |
| **Magia** | Sihir |
| **Pesca** | Memancing |
| **Piacere** | Kesenangan |
| **Puzzle** | Puzzle |
| **Rilassamento** | Relaksasi |
| **Tempo Libero** | Rekreasi |

## Attività Commerciale
### Bisnis

| | |
|---|---|
| Bilancio | Anggaran |
| Carriera | Karier |
| Costo | Biaya |
| Datore di Lavoro | Majikan |
| Dipendente | Karyawan |
| Economia | Ekonomi |
| Fabbrica | Pabrik |
| Finanza | Keuangan |
| Investimento | Investasi |
| Negozio | Toko |
| Profitto | Laba |
| Reddito | Pendapatan |
| Sconto | Diskon |
| Società | Perusahaan |
| Soldi | Uang |
| Tasse | Pajak |
| Transazione | Transaksi |
| Ufficio | Kantor |
| Valuta | Mata Uang |
| Vendita | Penjualan |

## Attività e Tempo Libero
### Aktivitas dan Kenyamanan

| | |
|---|---|
| Arte | Seni |
| Baseball | Bisbol |
| Basket | Basket |
| Boxe | Tinju |
| Calcio | Sepak Bola |
| Campeggio | Camping |
| Escursioni | Hiking |
| Giardinaggio | Berkebun |
| Golf | Golf |
| Hobby | Hobi |
| Immersione | Menyelam |
| Nuoto | Renang |
| Pallavolo | Bola Voli |
| Pesca | Memancing |
| Pittura | Lukisan |
| Rilassante | Santai |
| Shopping | Belanja |
| Surf | Berselancar |
| Tennis | Tenis |
| Viaggio | Bepergian |

## Avventura
### Petualangan

| | |
|---|---|
| Amici | Teman |
| Attività | Aktivitas |
| Bellezza | Kecantikan |
| Coraggio | Keberanian |
| Destinazione | Tujuan |
| Difficoltà | Kesulitan |
| Entusiasmo | Antusiasme |
| Escursione | Pesiar |
| Gioia | Kegembiraan |
| Insolito | Tidak Biasa |
| Itinerario | Jadwal |
| Natura | Alam |
| Navigazione | Navigasi |
| Nuovo | Baru |
| Opportunità | Peluang |
| Pericoloso | Berbahaya |
| Preparazione | Persiapan |
| Sfide | Tantangan |
| Sicurezza | Keamanan |
| Viaggi | Perjalanan |

## Balletto
### Balet

| | |
|---|---|
| Abilità | Keahlian |
| Applauso | Tepuk Tangan |
| Artistico | Artistik |
| Ballerina | Balerina |
| Ballerini | Penari |
| Compositore | Komposer |
| Coreografia | Koreografi |
| Espressivo | Ekspresif |
| Gesto | Sikap |
| Grazioso | Anggun |
| Intensità | Intensitas |
| Muscoli | Otot |
| Musica | Musik |
| Orchestra | Orkestra |
| Pratica | Praktek |
| Prova | Latihan |
| Pubblico | Hadirin |
| Ritmo | Irama |
| Stile | Gaya |
| Tecnica | Teknik |

## Barbecue
### Barbekyu

| | |
|---|---|
| Caldo | Panas |
| Cena | Makan Malam |
| Cibo | Makanan |
| Cipolle | Bawang |
| Coltelli | Pisau |
| Estate | Musim Panas |
| Fame | Kelaparan |
| Famiglia | Keluarga |
| Frutta | Buah |
| Giochi | Permainan |
| Griglia | Grill |
| Insalate | Salad |
| Invito | Undangan |
| Musica | Musik |
| Pepe | Lada |
| Pollo | Ayam |
| Pomodori | Tomat |
| Pranzo | Makan Siang |
| Sale | Garam |
| Salsa | Saus |

## Bellezza
### Kecantikan

| | |
|---|---|
| Colore | Warna |
| Cosmetici | Kosmetik |
| Elegante | Elegan |
| Eleganza | Keanggunan |
| Fascino | Pesona |
| Forbici | Gunting |
| Fotogenico | Fotogenik |
| Fragranza | Wangi |
| Grazia | Rahmat |
| Mascara | Maskara |
| Oli | Minyak |
| Pelle | Kulit |
| Prodotti | Produk |
| Profumo | Aroma |
| Riccioli | Ikal |
| Rossetto | Lipstik |
| Servizi | Jasa |
| Shampoo | Sampo |
| Specchio | Cermin |
| Stilista | Stylist |

## Boxe
### Tinju.

| | |
|---|---|
| **Abilità** | Keahlian |
| **Angolo** | Sudut |
| **Arbitro** | Wasit |
| **Avversario** | Lawan |
| **Calcio** | Menendang |
| **Campana** | Lonceng |
| **Combattente** | Pejuang |
| **Corde** | Tali |
| **Corpo** | Tubuh |
| **Esaurito** | Lelah |
| **Forza** | Kekuatan |
| **Fuoco** | Fokus |
| **Gomito** | Siku |
| **Guanti** | Sarung Tangan |
| **Mento** | Dagu |
| **Pugno** | Tinju |
| **Punti** | Poin |
| **Rapido** | Cepat |
| **Recupero** | Pemulihan |

## Caffè
### Kopi

| | |
|---|---|
| **Acido** | Asam |
| **Acqua** | Air |
| **Amaro** | Pahit |
| **Aroma** | Aroma |
| **Arrostito** | Panggang |
| **Bevanda** | Minuman |
| **Caffeina** | Kafein |
| **Crema** | Krim |
| **Filtro** | Saring |
| **Gusto** | Rasa |
| **Latte** | Susu |
| **Liquido** | Cair |
| **Macinare** | Menggiling |
| **Mattina** | Pagi |
| **Nero** | Hitam |
| **Origine** | Asal |
| **Prezzo** | Harga |
| **Tazza** | Cangkir |
| **Varietà** | Variasi |
| **Zucchero** | Gula |

## Campeggio
### Berkemah

| | |
|---|---|
| **Alberi** | Pohon |
| **Animali** | Binatang |
| **Attrezzatura** | Peralatan |
| **Avventura** | Petualangan |
| **Bussola** | Kompas |
| **Cabina** | Kabin |
| **Caccia** | Berburu |
| **Canoa** | Kano |
| **Cappello** | Topi |
| **Corda** | Tali |
| **Divertimento** | Menyenangkan |
| **Foresta** | Hutan |
| **Fuoco** | Api |
| **Insetto** | Serangga |
| **Lago** | Danau |
| **Luna** | Bulan |
| **Mappa** | Peta |
| **Montagna** | Gunung |
| **Natura** | Alam |
| **Tenda** | Tenda |

## Casa
### Rumah

| | |
|---|---|
| **Attico** | Loteng |
| **Biblioteca** | Perpustakaan |
| **Camera** | Ruangan |
| **Camino** | Perapian |
| **Cucina** | Dapur |
| **Doccia** | Mandi |
| **Finestra** | Jendela |
| **Garage** | Garasi |
| **Giardino** | Kebun |
| **Lampada** | Lampu |
| **Parete** | Dinding |
| **Pavimento** | Lantai |
| **Porta** | Pintu |
| **Recinto** | Pagar |
| **Rubinetto** | Keran |
| **Scopa** | Sapu |
| **Soffitto** | Langit-Langit |
| **Specchio** | Cermin |
| **Tappeto** | Karpet |
| **Tetto** | Atap |

## Chimica
### Kimia

| | |
|---|---|
| **Acido** | Asam |
| **Alcalino** | Alkaline |
| **Atomico** | Atom |
| **Calore** | Panas |
| **Carbonio** | Karbon |
| **Catalizzatore** | Katalis |
| **Cloro** | Klorin |
| **Elettrone** | Elektron |
| **Enzima** | Enzim |
| **Gas** | Gas |
| **Idrogeno** | Hidrogen |
| **Ione** | Ion |
| **Liquido** | Cair |
| **Molecola** | Molekul |
| **Nucleare** | Nuklir |
| **Organico** | Organik |
| **Ossigeno** | Oksigen |
| **Peso** | Berat |
| **Sale** | Garam |
| **Temperatura** | Suhu |

## Cibo #1
### Makanan # 1

| | |
|---|---|
| **Aglio** | Bawang Putih |
| **Basilico** | Kemangi |
| **Cannella** | Kayu Manis |
| **Carne** | Daging |
| **Carota** | Wortel |
| **Cipolla** | Bawang |
| **Fragola** | Stroberi |
| **Insalata** | Salad |
| **Latte** | Susu |
| **Limone** | Lemon |
| **Menta** | Mint |
| **Orzo** | Jelai |
| **Pera** | Pir |
| **Rapa** | Lobak |
| **Sale** | Garam |
| **Spinaci** | Bayam |
| **Succo** | Jus |
| **Tonno** | Tuna |
| **Torta** | Kue |
| **Zucchero** | Gula |

## Cibo #2
### Makanan # 2

|  |  |
|---|---|
| **Banana** | Pisang |
| **Broccolo** | Brokoli |
| **Ciliegia** | Ceri |
| **Cioccolato** | Coklat |
| **Formaggio** | Keju |
| **Fungo** | Jamur |
| **Grano** | Gandum |
| **Kiwi** | Kiwi |
| **Mela** | Apel |
| **Melanzana** | Terong |
| **Pane** | Roti |
| **Pesce** | Ikan |
| **Pollo** | Ayam |
| **Pomodoro** | Tomat |
| **Prosciutto** | Ham |
| **Riso** | Nasi |
| **Sedano** | Seledri |
| **Uovo** | Telur |
| **Uva** | Anggur |
| **Yogurt** | Yoghurt |

## Cioccolato
### Cokelat

|  |  |
|---|---|
| **Amaro** | Pahit |
| **Antiossidante** | Antioksidan |
| **Arachidi** | Kacang |
| **Aroma** | Aroma |
| **Artigianale** | Artisanal |
| **Cacao** | Kakao |
| **Calorie** | Kalori |
| **Caramella** | Permen |
| **Caramello** | Karamel |
| **Delizioso** | Lezat |
| **Dolce** | Manis |
| **Esotico** | Eksotis |
| **Gusto** | Rasa |
| **Ingrediente** | Bahan |
| **Noce di Cocco** | Kelapa |
| **Polvere** | Bubuk |
| **Preferito** | Favorit |
| **Qualità** | Kualitas |
| **Ricetta** | Resep |
| **Zucchero** | Gula |

## Circo
### Sirkus

|  |  |
|---|---|
| **Acrobata** | Akrobat |
| **Animali** | Binatang |
| **Biglietto** | Tiket |
| **Caramella** | Permen |
| **Clown** | Badut |
| **Costume** | Kostum |
| **Elefante** | Gajah |
| **Giocoliere** | Juggler |
| **Intrattenere** | Menghibur |
| **Leone** | Singa |
| **Magia** | Sihir |
| **Mago** | Pesulap |
| **Musica** | Musik |
| **Palloncini** | Balon |
| **Parata** | Parade |
| **Scimmia** | Monyet |
| **Spettacolare** | Spektakuler |
| **Spettatore** | Penonton |
| **Tenda** | Tenda |
| **Tigre** | Harimau |

## Città
### Kota

|  |  |
|---|---|
| **Aeroporto** | Bandara |
| **Banca** | Bank |
| **Biblioteca** | Perpustakaan |
| **Cinema** | Bioskop |
| **Clinica** | Klinik |
| **Farmacia** | Farmasi |
| **Fiorista** | Florist |
| **Galleria** | Galeri |
| **Hotel** | Hotel |
| **Libreria** | Toko Buku |
| **Mercato** | Pasar |
| **Museo** | Museum |
| **Negozio** | Toko |
| **Panetteria** | Toko Roti |
| **Ristorante** | Restoran |
| **Scuola** | Sekolah |
| **Stadio** | Stadion |
| **Supermercato** | Supermarket |
| **Teatro** | Teater |
| **Università** | Universitas |

## Corpo Umano
### Tubuh Manusia

|  |  |
|---|---|
| **Bocca** | Mulut |
| **Cervello** | Otak |
| **Collo** | Leher |
| **Cuore** | Hati |
| **Dito** | Jari |
| **Faccia** | Wajah |
| **Fronte** | Dahi |
| **Gamba** | Kaki |
| **Ginocchio** | Lutut |
| **Gomito** | Siku |
| **Mano** | Tangan |
| **Mento** | Dagu |
| **Naso** | Hidung |
| **Occhio** | Mata |
| **Orecchio** | Telinga |
| **Pelle** | Kulit |
| **Sangue** | Darah |
| **Spalla** | Bahu |
| **Stomaco** | Perut |
| **Testa** | Kepala |

## Creatività
### Kreativitas

|  |  |
|---|---|
| **Abilità** | Keahlian |
| **Artistico** | Artistik |
| **Autenticità** | Keaslian |
| **Chiarezza** | Kejelasan |
| **Drammatico** | Dramatis |
| **Emozioni** | Emosi |
| **Espressione** | Ekspresi |
| **Fluidità** | Fluiditas |
| **Idee** | Ide |
| **Immaginazione** | Imajinasi |
| **Immagine** | Gambar |
| **Impressione** | Kesan |
| **Intensità** | Intensitas |
| **Intuizione** | Intuisi |
| **Inventivo** | Inventif |
| **Ispirazione** | Inspirasi |
| **Sensazione** | Sensasi |
| **Spontaneo** | Spontan |
| **Visioni** | Visi |
| **Vitalità** | Daya Hidup |

## Danza
### Menari

| | |
|---|---|
| **Accademia** | Akademi |
| **Arte** | Seni |
| **Classico** | Klasik |
| **Compagno** | Mitra |
| **Coreografia** | Koreografi |
| **Corpo** | Tubuh |
| **Cultura** | Budaya |
| **Culturale** | Kultural |
| **Emozione** | Emosi |
| **Espressivo** | Ekspresif |
| **Grazia** | Rahmat |
| **Movimento** | Gerakan |
| **Musica** | Musik |
| **Postura** | Sikap |
| **Prova** | Latihan |
| **Ritmo** | Irama |
| **Salto** | Melompat |
| **Tradizionale** | Tradisional |
| **Visivo** | Visual |

## Diplomazia
### Diplomasi

| | |
|---|---|
| **Ambasciata** | Kedutaan |
| **Ambasciatore** | Duta Besar |
| **Cittadini** | Warga |
| **Civico** | Civic |
| **Comunità** | Komunitas |
| **Conflitto** | Konflik |
| **Consigliere** | Penasihat |
| **Cooperazione** | Kerja Sama |
| **Diplomatico** | Diplomatik |
| **Discussione** | Diskusi |
| **Etica** | Etika |
| **Giustizia** | Keadilan |
| **Governo** | Pemerintah |
| **Integrità** | Integritas |
| **Politica** | Politik |
| **Risoluzione** | Resolusi |
| **Sicurezza** | Keamanan |
| **Soluzione** | Solusi |
| **Trattato** | Perjanjian |
| **Umanitario** | Kemanusiaan |

## Discipline Scientifiche
### Disiplin Ilmiah

| | |
|---|---|
| **Anatomia** | Anatomi |
| **Archeologia** | Arkeologi |
| **Astronomia** | Astronomi |
| **Biochimica** | Biokimia |
| **Biologia** | Biologi |
| **Botanica** | Botani |
| **Chimica** | Kimia |
| **Ecologia** | Ekologi |
| **Fisiologia** | Fisiologi |
| **Geologia** | Geologi |
| **Immunologia** | Imunologi |
| **Linguistica** | Linguistik |
| **Meccanica** | Mekanika |
| **Meteorologia** | Meteorologi |
| **Mineralogia** | Mineralogi |
| **Neurologia** | Neurologi |
| **Psicologia** | Psikologi |
| **Sociologia** | Sosiologi |
| **Termodinamica** | Termodinamika |
| **Zoologia** | Zoologi |

## Ecologia
### Ekologi

| | |
|---|---|
| **Clima** | Iklim |
| **Comunità** | Komunitas |
| **Diversità** | Perbedaan |
| **Fauna** | Fauna |
| **Flora** | Flora |
| **Globale** | Global |
| **Habitat** | Habitat |
| **Marino** | Laut |
| **Montagne** | Gunung |
| **Natura** | Alam |
| **Naturale** | Alami |
| **Palude** | Rawa |
| **Piante** | Tanaman |
| **Risorse** | Sumber Daya |
| **Siccità** | Kekeringan |
| **Sostenibile** | Berkelanjutan |
| **Specie** | Jenis |
| **Varietà** | Variasi |
| **Vegetazione** | Vegetasi |
| **Volontari** | Relawan |

## Edifici
### Bangunan

| | |
|---|---|
| **Ambasciata** | Kedutaan |
| **Appartamento** | Apartemen |
| **Cabina** | Kabin |
| **Castello** | Kastil |
| **Cinema** | Bioskop |
| **Fabbrica** | Pabrik |
| **Fienile** | Gudang |
| **Hotel** | Hotel |
| **Laboratorio** | Laboratorium |
| **Museo** | Museum |
| **Ospedale** | Rumah Sakit |
| **Osservatorio** | Observatorium |
| **Ostello** | Hostel |
| **Scuola** | Sekolah |
| **Stadio** | Stadion |
| **Supermercato** | Supermarket |
| **Teatro** | Teater |
| **Tenda** | Tenda |
| **Torre** | Menara |
| **Università** | Universitas |

## Emozioni
### Emosi

| | |
|---|---|
| **Amore** | Cinta |
| **Beatitudine** | Kebahagiaan |
| **Calma** | Tenang |
| **Contenuto** | Isi |
| **Gentilezza** | Kebaikan |
| **Gioia** | Kegembiraan |
| **Grato** | Bersyukur |
| **Imbarazzato** | Malu |
| **Noia** | Kebosanan |
| **Pace** | Perdamaian |
| **Paura** | Takut |
| **Rabbia** | Amarah |
| **Rilassato** | Santai |
| **Rilievo** | Lega |
| **Simpatia** | Simpati |
| **Soddisfatto** | Puas |
| **Tenerezza** | Kelembutan |
| **Tranquillità** | Ketenangan |
| **Tristezza** | Kesedihan |

## Energia
### Energi

| | |
|---|---|
| **Ambiente** | Lingkungan |
| **Batteria** | Baterai |
| **Benzina** | Bensin |
| **Calore** | Panas |
| **Carbonio** | Karbon |
| **Carburante** | Bahan Bakar |
| **Diesel** | Diesel |
| **Elettrico** | Listrik |
| **Elettrone** | Elektron |
| **Entropia** | Entropi |
| **Fotone** | Foton |
| **Idrogeno** | Hidrogen |
| **Industria** | Industri |
| **Inquinamento** | Polusi |
| **Motore** | Mesin |
| **Nucleare** | Nuklir |
| **Rinnovabile** | Terbarukan |
| **Turbina** | Turbin |
| **Vapore** | Uap |
| **Vento** | Angin |

## Erboristeria
### Herbalisme

| | |
|---|---|
| **Aglio** | Bawang Putih |
| **Aneto** | Dil |
| **Aromatico** | Aromatik |
| **Basilico** | Kemangi |
| **Culinario** | Kuliner |
| **Dragoncello** | Tarragon |
| **Finocchio** | Adas |
| **Fiore** | Bunga |
| **Giardino** | Kebun |
| **Ingrediente** | Bahan |
| **Lavanda** | Lavender |
| **Maggiorana** | Marjoram |
| **Menta** | Mint |
| **Origano** | Oregano |
| **Prezzemolo** | Peterseli |
| **Qualità** | Kualitas |
| **Rosmarino** | Rosemary |
| **Timo** | Timi |
| **Verde** | Hijau |
| **Zafferano** | Kunyit |

## Escursionismo
### Mendaki

| | |
|---|---|
| **Acqua** | Air |
| **Animali** | Binatang |
| **Campeggio** | Camping |
| **Clima** | Iklim |
| **Guide** | Panduan |
| **Mappa** | Peta |
| **Montagna** | Gunung |
| **Natura** | Alam |
| **Orientamento** | Orientasi |
| **Parchi** | Taman |
| **Pericoli** | Bahaya |
| **Pesante** | Berat |
| **Pietre** | Batu |
| **Preparazione** | Persiapan |
| **Scogliera** | Tebing |
| **Selvaggio** | Liar |
| **Sole** | Matahari |
| **Stanco** | Lelah |
| **Stivali** | Sepatu Bot |
| **Vertice** | Puncak |

## Etica
### Etika

| | |
|---|---|
| **Altruismo** | Altruisme |
| **Compassione** | Kasih Sayang |
| **Cooperazione** | Kerja Sama |
| **Dignità** | Martabat |
| **Diplomatico** | Diplomatik |
| **Filosofia** | Filsafat |
| **Gentilezza** | Kebaikan |
| **Integrità** | Integritas |
| **Onestà** | Kejujuran |
| **Ottimismo** | Optimisme |
| **Pazienza** | Kesabaran |
| **Ragionevole** | Wajar |
| **Razionalità** | Rasionalitas |
| **Realismo** | Realisme |
| **Rispettoso** | Hormat |
| **Saggezza** | Kebijaksanaan |
| **Tolleranza** | Toleransi |
| **Umanità** | Kemanusiaan |
| **Valori** | Nilai |

## Fantascienza
### Fiksi Ilmiah

| | |
|---|---|
| **Atomico** | Atom |
| **Cinema** | Bioskop |
| **Distopia** | Distopia |
| **Esplosione** | Ledakan |
| **Estremo** | Ekstrem |
| **Fantastico** | Fantastis |
| **Fuoco** | Api |
| **Futuristico** | Futuristik |
| **Galassia** | Galaksi |
| **Illusione** | Ilusi |
| **Immaginario** | Imajiner |
| **Libri** | Buku |
| **Misterioso** | Gaib |
| **Mondo** | Dunia |
| **Oracolo** | Oracle |
| **Pianeta** | Planet |
| **Realistico** | Realistis |
| **Robot** | Robot |
| **Tecnologia** | Teknologi |
| **Utopia** | Utopia |

## Fattoria #1
### Peternakan #1

| | |
|---|---|
| **Acqua** | Air |
| **Agricoltura** | Pertanian |
| **Ape** | Lebah |
| **Asino** | Keledai |
| **Campo** | Bidang |
| **Cane** | Anjing |
| **Capra** | Kambing |
| **Cavallo** | Kuda |
| **Fertilizzante** | Pupuk |
| **Fieno** | Jerami |
| **Gatto** | Kucing |
| **Gregge** | Kawanan |
| **Maiale** | Babi |
| **Miele** | Sayang |
| **Mucca** | Sapi |
| **Pollo** | Ayam |
| **Recinto** | Pagar |
| **Riso** | Nasi |
| **Semi** | Benih |
| **Vitello** | Betis |

## Fattoria #2
### Peternakan #2

|  |  |
|---|---|
| **Agricoltore** | Petani |
| **Alveare** | Beehive |
| **Anatra** | Bebek |
| **Animali** | Binatang |
| **Cibo** | Makanan |
| **Fienile** | Gudang |
| **Frutta** | Buah |
| **Frutteto** | Orchard |
| **Grano** | Gandum |
| **Irrigazione** | Irigasi |
| **Lama** | Llama |
| **Latte** | Susu |
| **Mais** | Jagung |
| **Maturo** | Matang |
| **Oche** | Angsa |
| **Orzo** | Jelai |
| **Pastore** | Gembala |
| **Pecora** | Domba |
| **Prato** | Padang Rumput |
| **Trattore** | Traktor |

## Filantropia
### Kedermawanan

|  |  |
|---|---|
| **Bambini** | Anak |
| **Bisogno** | Membutuhkan |
| **Carità** | Amal |
| **Comunità** | Komunitas |
| **Contatti** | Kontak |
| **Donare** | Menyumbangkan |
| **Finanza** | Keuangan |
| **Fondi** | Dana |
| **Gioventù** | Pemuda |
| **Globale** | Global |
| **Gruppi** | Kelompok |
| **Missione** | Misi |
| **Obiettivi** | Tujuan |
| **Onestà** | Kejujuran |
| **Persone** | Rakyat |
| **Programmi** | Program |
| **Pubblico** | Umum |
| **Sfide** | Tantangan |
| **Storia** | Sejarah |
| **Umanità** | Kemanusiaan |

## Fiori
### Bunga-Bunga

|  |  |
|---|---|
| **Dente di Leone** | Dandelion |
| **Gardenia** | Gardenia |
| **Gelsomino** | Melati |
| **Giglio** | Lily |
| **Ibisco** | Hibiscus |
| **Lavanda** | Lavender |
| **Lilla** | Lilac |
| **Magnolia** | Magnolia |
| **Margherita** | Daisy |
| **Mazzo** | Buket |
| **Narciso** | Daffodil |
| **Orchidea** | Anggrek |
| **Papavero** | Poppy |
| **Passiflora** | Passionflower |
| **Peonia** | Peony |
| **Petalo** | Kelopak |
| **Plumeria** | Plumeria |
| **Rosa** | Mawar |
| **Trifoglio** | Semanggi |
| **Tulipano** | Tulip |

## Fisica
### Fisika

|  |  |
|---|---|
| **Accelerazione** | Akselerasi |
| **Atomo** | Atom |
| **Caos** | Kekacauan |
| **Chimico** | Bahan Kimia |
| **Densità** | Kepadatan |
| **Elettrone** | Elektron |
| **Espansione** | Ekspansi |
| **Formula** | Rumus |
| **Frequenza** | Frekuensi |
| **Gas** | Gas |
| **Gravità** | Gravitasi |
| **Magnetismo** | Magnetisme |
| **Meccanica** | Mekanika |
| **Molecola** | Molekul |
| **Motore** | Mesin |
| **Nucleare** | Nuklir |
| **Particella** | Partikel |
| **Relatività** | Relativitas |
| **Universale** | Universal |
| **Velocità** | Kecepatan |

## Forme
### Bentuk

|  |  |
|---|---|
| **Angolo** | Sudut |
| **Arco** | Arc |
| **Bordi** | Tepi |
| **Cerchio** | Lingkaran |
| **Cilindro** | Silinder |
| **Cono** | Kerucut |
| **Cubo** | Kubus |
| **Curva** | Kurva |
| **Ellisse** | Elips |
| **Iperbole** | Hiperbola |
| **Lato** | Sisi |
| **Linea** | Garis |
| **Ovale** | Oval |
| **Piramide** | Piramida |
| **Poligono** | Poligon |
| **Prisma** | Prisma |
| **Quadrato** | Persegi |
| **Rotondo** | Bulat |
| **Sfera** | Bola |
| **Triangolo** | Segitiga |

## Forniture Artistiche
### Perlengkapan Seni

|  |  |
|---|---|
| **Acqua** | Air |
| **Acquerelli** | Cat Air |
| **Acrilico** | Akrilik |
| **Argilla** | Tanah Liat |
| **Carbone** | Arang |
| **Carta** | Kertas |
| **Cavalletto** | Easel |
| **Colla** | Lem |
| **Colori** | Warna |
| **Creatività** | Kreativitas |
| **Gomma** | Penghapus |
| **Idee** | Ide |
| **Inchiostro** | Tinta |
| **Matite** | Pensil |
| **Olio** | Minyak |
| **Pastelli** | Pastel |
| **Sedia** | Kursi |
| **Spazzole** | Sikat |
| **Tavolo** | Meja |
| **Telecamera** | Kamera |

## Forza e Gravità
### Gaya dan Gravitasi

| Italiano | Indonesia |
|---|---|
| Asse | Sumbu |
| Attrito | Gesekan |
| Centro | Pusat |
| Dinamico | Dinamis |
| Distanza | Jarak |
| Espansione | Ekspansi |
| Fisica | Fisika |
| Impatto | Dampak |
| Magnetismo | Magnetisme |
| Meccanica | Mekanika |
| Movimento | Gerak |
| Orbita | Orbit |
| Peso | Berat |
| Pianeti | Planet |
| Pressione | Tekanan |
| Proprietà | Properti |
| Scoperta | Penemuan |
| Tempo | Waktu |
| Universale | Universal |
| Velocità | Kecepatan |

## Frutta
### Buah

| Italiano | Indonesia |
|---|---|
| Albicocca | Aprikot |
| Ananas | Nanas |
| Arancia | Jeruk |
| Avocado | Alpukat |
| Bacca | Berry |
| Banana | Pisang |
| Ciliegia | Ceri |
| Kiwi | Kiwi |
| Lampone | Raspberry |
| Limone | Lemon |
| Mango | Mangga |
| Mela | Apel |
| Melone | Melon |
| Mora | Blackberry |
| Nettarina | Nectarine |
| Papaia | Pepaya |
| Pera | Pir |
| Pesca | Persik |
| Prugna | Prem |
| Uva | Anggur |

## Geografia
### Geografi

| Italiano | Indonesia |
|---|---|
| Altitudine | Ketinggian |
| Atlante | Atlas |
| Città | Kota |
| Continente | Benua |
| Elevazione | Elevasi |
| Emisfero | Belahan Bumi |
| Fiume | Sungai |
| Isola | Pulau |
| Latitudine | Garis Lintang |
| Longitudine | Garis Bujur |
| Mappa | Peta |
| Mare | Laut |
| Meridiano | Meridian |
| Mondo | Dunia |
| Montagna | Gunung |
| Nord | Utara |
| Ovest | Barat |
| Paese | Negara |
| Sud | Selatan |
| Territorio | Wilayah |

## Geologia
### Geologi

| Italiano | Indonesia |
|---|---|
| Acido | Asam |
| Calcio | Kalsium |
| Caverna | Gua |
| Continente | Benua |
| Corallo | Karang |
| Cristalli | Kristal |
| Erosione | Erosi |
| Fossile | Fosil |
| Geyser | Geyser |
| Lava | Lahar |
| Minerali | Mineral |
| Pietra | Batu |
| Quarzo | Kuarsa |
| Sale | Garam |
| Stalagmiti | Stalagmit |
| Stalattite | Stalaktit |
| Strato | Lapisan |
| Terremoto | Gempa Bumi |
| Vulcano | Gunung Berapi |
| Zona | Zona |

## Geometria
### Geometri

| Italiano | Indonesia |
|---|---|
| Altezza | Tinggi |
| Angolo | Sudut |
| Calcolo | Kalkulasi |
| Cerchio | Lingkaran |
| Curva | Kurva |
| Diametro | Diameter |
| Dimensione | Dimensi |
| Equazione | Persamaan |
| Logica | Logika |
| Mediano | Median |
| Numero | Nomor |
| Orizzontale | Horisontal |
| Parallelo | Paralel |
| Proporzione | Proporsi |
| Segmento | Segmen |
| Simmetria | Simetri |
| Superficie | Permukaan |
| Teoria | Teori |
| Triangolo | Segitiga |
| Verticale | Vertikal |

## Giardino
### Taman

| Italiano | Indonesia |
|---|---|
| Albero | Pohon |
| Cespuglio | Semak |
| Erba | Rumput |
| Erbacce | Gulma |
| Fiore | Bunga |
| Frutteto | Orchard |
| Garage | Garasi |
| Giardino | Kebun |
| Pala | Sekop |
| Panca | Bangku |
| Portico | Beranda |
| Rastrello | Menyapu |
| Recinto | Pagar |
| Rocce | Batu |
| Stagno | Kolam |
| Suolo | Tanah |
| Terrazza | Teras |
| Trampolino | Trampolin |
| Tubo | Selang |
| Vite | Vine |

## Giorni e Mesi
### Hari dan Bulan

| | |
|---|---|
| **Agosto** | Agustus |
| **Anno** | Tahun |
| **Aprile** | April |
| **Calendario** | Kalender |
| **Dicembre** | Desember |
| **Domenica** | Minggu |
| **Febbraio** | Februari |
| **Gennaio** | Januari |
| **Giugno** | Juni |
| **Luglio** | Juli |
| **Lunedì** | Senin |
| **Martedì** | Selasa |
| **Marzo** | Maret |
| **Mercoledì** | Rabu |
| **Mese** | Bulan |
| **Novembre** | November |
| **Ottobre** | Oktober |
| **Sabato** | Sabtu |
| **Settembre** | September |
| **Venerdì** | Jumat |

## Governo
### Pemerintah

| | |
|---|---|
| **Capo** | Pemimpin |
| **Civile** | Sipil |
| **Costituzione** | Konstitusi |
| **Democrazia** | Demokrasi |
| **Diritti** | Hak |
| **Discorso** | Pidato |
| **Discussione** | Diskusi |
| **Giudiziario** | Peradilan |
| **Giustizia** | Keadilan |
| **Indipendenza** | Kemerdekaan |
| **Legge** | Hukum |
| **Libertà** | Liberty |
| **Monumento** | Monumen |
| **Nazionale** | Nasional |
| **Nazione** | Bangsa |
| **Politica** | Politik |
| **Quartiere** | Distrik |
| **Simbolo** | Simbol |
| **Stato** | Negara |
| **Uguaglianza** | Kesetaraan |

## Guida
### Mengemudi

| | |
|---|---|
| **Auto** | Mobil |
| **Autobus** | Bis |
| **Carburante** | Bahan Bakar |
| **Freni** | Rem |
| **Garage** | Garasi |
| **Gas** | Gas |
| **Incidente** | Kecelakaan |
| **Licenza** | Lisensi |
| **Mappa** | Peta |
| **Moto** | Sepeda Motor |
| **Motore** | Motor |
| **Pedonale** | Pejalan Kaki |
| **Pericolo** | Bahaya |
| **Polizia** | Polisi |
| **Sicurezza** | Keamanan |
| **Strada** | Jalan |
| **Traffico** | Lalu Lintas |
| **Trasporto** | Transportasi |
| **Tunnel** | Terowongan |
| **Velocità** | Kecepatan |

## I Media
### Media

| | |
|---|---|
| **Commerciale** | Komersial |
| **Comunicazione** | Komunikasi |
| **Digitale** | Digital |
| **Edizione** | Edisi |
| **Educazione** | Pendidikan |
| **Fatti** | Fakta |
| **Finanziamento** | Pendanaan |
| **Foto** | Foto |
| **Giornali** | Koran |
| **Individuale** | Individu |
| **Industria** | Industri |
| **Intellettuale** | Intelektual |
| **Locale** | Lokal |
| **Online** | Daring |
| **Opinione** | Pendapat |
| **Pubblicità** | Iklan |
| **Pubblico** | Umum |
| **Radio** | Radio |
| **Rete** | Jaringan |
| **Televisione** | Televisi |

## Imbarcazioni
### Perahu

| | |
|---|---|
| **Albero** | Tiang Kapal |
| **Ancora** | Jangkar |
| **Barca a Vela** | Perahu Layar |
| **Boa** | Pelampung |
| **Canoa** | Kano |
| **Corda** | Tali |
| **Equipaggio** | Awak |
| **Fiume** | Sungai |
| **Kayak** | Kayak |
| **Lago** | Danau |
| **Mare** | Laut |
| **Marea** | Pasang |
| **Marinaio** | Pelaut |
| **Marittimo** | Maritim |
| **Motore** | Mesin |
| **Nautico** | Bahari |
| **Onde** | Ombak |
| **Traghetto** | Feri |
| **Yacht** | Yacht |
| **Zattera** | Rakit |

## Ingegneria
### Rekayasa

| | |
|---|---|
| **Angolo** | Sudut |
| **Asse** | Sumbu |
| **Calcolo** | Kalkulasi |
| **Costruzione** | Konstruksi |
| **Diagramma** | Diagram |
| **Diametro** | Diameter |
| **Diesel** | Diesel |
| **Distribuzione** | Distribusi |
| **Energia** | Energi |
| **Forza** | Kekuatan |
| **Leve** | Tuas |
| **Liquido** | Cair |
| **Macchina** | Mesin |
| **Misurazione** | Pengukuran |
| **Movimento** | Gerak |
| **Profondità** | Kedalaman |
| **Propulsione** | Propulsi |
| **Rotazione** | Rotasi |
| **Stabilità** | Stabilitas |
| **Struttura** | Struktur |

## Insetti
### Serangga

| | |
|---|---|
| **Afide** | Aphid |
| **Ape** | Lebah |
| **Calabrone** | Hornet |
| **Cavalletta** | Belalang |
| **Cicala** | Jangkrik |
| **Coccinella** | Ladybug |
| **Coleottero** | Kumbang |
| **Falena** | Ngengat |
| **Farfalla** | Kupu-Kupu |
| **Formica** | Semut |
| **Larva** | Larva |
| **Libellula** | Capung |
| **Mantide** | Mantis |
| **Moscerino** | Agas |
| **Pulce** | Kutu |
| **Scarafaggio** | Kecoa |
| **Termite** | Rayap |
| **Verme** | Cacing |
| **Vespa** | Tawon |
| **Zanzara** | Nyamuk |

## Jazz
### Jazz

| | |
|---|---|
| **Album** | Album |
| **Applauso** | Tepuk Tangan |
| **Artista** | Artis |
| **Canzone** | Lagu |
| **Compositore** | Komposer |
| **Composizione** | Komposisi |
| **Concerto** | Konser |
| **Enfasi** | Tekanan |
| **Famoso** | Terkenal |
| **Genere** | Genre |
| **Improvvisazione** | Improvisasi |
| **Musica** | Musik |
| **Nuovo** | Baru |
| **Orchestra** | Orkestra |
| **Preferiti** | Favorit |
| **Ritmo** | Irama |
| **Stile** | Gaya |
| **Talento** | Bakat |
| **Tecnica** | Teknik |
| **Vecchio** | Tua |

## L'Azienda
### Perusahaan

| | |
|---|---|
| **Creativo** | Kreatif |
| **Decisione** | Keputusan |
| **Globale** | Global |
| **Industria** | Industri |
| **Innovativo** | Inovatif |
| **Investimento** | Investasi |
| **Occupazione** | Pekerjaan |
| **Possibilità** | Kemungkinan |
| **Presentazione** | Presentasi |
| **Prodotto** | Produk |
| **Professionale** | Profesional |
| **Progresso** | Kemajuan |
| **Qualità** | Kualitas |
| **Reddito** | Pendapatan |
| **Reputazione** | Reputasi |
| **Rischi** | Risiko |
| **Risorse** | Sumber Daya |
| **Salari** | Upah |
| **Tendenze** | Tren |
| **Unità** | Unit |

## Letteratura
### Literatur

| | |
|---|---|
| **Analisi** | Analisis |
| **Analogia** | Analogi |
| **Aneddoto** | Anekdot |
| **Autore** | Penulis |
| **Biografia** | Biografi |
| **Conclusione** | Kesimpulan |
| **Confronto** | Perbandingan |
| **Descrizione** | Deskripsi |
| **Dialogo** | Dialog |
| **Genere** | Genre |
| **Metafora** | Metafora |
| **Opinione** | Pendapat |
| **Poesia** | Puisi |
| **Poetico** | Puitis |
| **Rima** | Sajak |
| **Ritmo** | Irama |
| **Romanzo** | Novel |
| **Stile** | Gaya |
| **Tema** | Tema |
| **Tragedia** | Tragedi |

## Libri
### Buku-Buku

| | |
|---|---|
| **Autore** | Penulis |
| **Avventura** | Petualangan |
| **Collezione** | Koleksi |
| **Contesto** | Konteks |
| **Dualità** | Dualitas |
| **Epico** | Epik |
| **Inventivo** | Inventif |
| **Letterario** | Sastra |
| **Lettore** | Pembaca |
| **Narratore** | Narator |
| **Pagina** | Halaman |
| **Poesia** | Puisi |
| **Rilevante** | Relevan |
| **Romanzo** | Novel |
| **Scritto** | Ditulis |
| **Serie** | Seri |
| **Storia** | Cerita |
| **Storico** | Historis |
| **Tragico** | Tragis |
| **Umoristico** | Lucu |

## Mammiferi
### Mamalia

| | |
|---|---|
| **Balena** | Paus |
| **Cane** | Anjing |
| **Canguro** | Kanguru |
| **Cavallo** | Kuda |
| **Cervo** | Rusa |
| **Coniglio** | Kelinci |
| **Coyote** | Coyote |
| **Delfino** | Lumba-Lumba |
| **Elefante** | Gajah |
| **Gatto** | Kucing |
| **Giraffa** | Jerapah |
| **Gorilla** | Gorila |
| **Leone** | Singa |
| **Lupo** | Serigala |
| **Orso** | Beruang |
| **Pecora** | Domba |
| **Scimmia** | Monyet |
| **Toro** | Banteng |
| **Volpe** | Rubah |
| **Zebra** | Zebra |

## Matematica
### Matematika

| | |
|---|---|
| **Angoli** | Sudut |
| **Aritmetica** | Hitung |
| **Circonferenza** | Lingkar |
| **Decimale** | Desimal |
| **Diametro** | Diameter |
| **Divisione** | Divisi |
| **Equazione** | Persamaan |
| **Esponente** | Eksponen |
| **Frazione** | Fraksi |
| **Geometria** | Geometri |
| **Parallelo** | Paralel |
| **Parallelogramma** | Parallelogram |
| **Perimetro** | Perimeter |
| **Poligono** | Poligon |
| **Quadrato** | Persegi |
| **Raggio** | Radius |
| **Simmetria** | Simetri |
| **Somma** | Jumlah |
| **Triangolo** | Segitiga |
| **Volume** | Volume |

## Meditazione
### Meditasi

| | |
|---|---|
| **Accettazione** | Penerimaan |
| **Attenzione** | Perhatian |
| **Calma** | Tenang |
| **Chiarezza** | Kejelasan |
| **Compassione** | Kasih Sayang |
| **Emozioni** | Emosi |
| **Felicità** | Kebahagiaan |
| **Gentilezza** | Kebaikan |
| **Gratitudine** | Syukur |
| **Insegnamenti** | Ajaran |
| **Mentale** | Mental |
| **Mente** | Pikiran |
| **Movimento** | Gerakan |
| **Musica** | Musik |
| **Natura** | Alam |
| **Osservazione** | Observasi |
| **Pace** | Perdamaian |
| **Postura** | Sikap |
| **Prospettiva** | Perspektif |
| **Silenzio** | Kesunyian |

## Meteo
### Cuaca

| | |
|---|---|
| **Arcobaleno** | Pelangi |
| **Asciutto** | Kering |
| **Atmosfera** | Suasana |
| **Calma** | Tenang |
| **Cielo** | Langit |
| **Clima** | Iklim |
| **Fulmine** | Petir |
| **Ghiaccio** | Es |
| **Monsone** | Musim |
| **Nebbia** | Kabut |
| **Nube** | Awan |
| **Polare** | Kutub |
| **Siccità** | Kekeringan |
| **Temperatura** | Suhu |
| **Tempesta** | Badai |
| **Tornado** | Tornado |
| **Tropicale** | Tropis |
| **Tuono** | Guntur |
| **Umido** | Lembab |
| **Vento** | Angin |

## Misurazioni
### Pengukuran

| | |
|---|---|
| **Altezza** | Tinggi |
| **Byte** | Byte |
| **Centimetro** | Sentimeter |
| **Chilogrammo** | Kilogram |
| **Chilometro** | Kilometer |
| **Decimale** | Desimal |
| **Grado** | Derajat |
| **Grammo** | Gram |
| **Larghezza** | Lebar |
| **Litro** | Liter |
| **Lunghezza** | Panjang |
| **Metro** | Meter |
| **Minuto** | Menit |
| **Oncia** | Ons |
| **Peso** | Berat |
| **Pinta** | Pint |
| **Pollice** | Inci |
| **Profondità** | Kedalaman |
| **Tonnellata** | Ton |
| **Volume** | Volume |

## Mitologia
### Mitologi

| | |
|---|---|
| **Archetipo** | Pola Dasar |
| **Comportamento** | Perilaku |
| **Creatura** | Makhluk |
| **Creazione** | Penciptaan |
| **Cultura** | Budaya |
| **Disastro** | Bencana |
| **Divinità** | Dewa |
| **Eroe** | Pahlawan |
| **Forza** | Kekuatan |
| **Fulmine** | Petir |
| **Gelosia** | Kecemburuan |
| **Guerriero** | Pejuang |
| **Immortalità** | Keabadian |
| **Labirinto** | Labirin |
| **Leggenda** | Legenda |
| **Magico** | Gaib |
| **Mortale** | Fana |
| **Mostro** | Rakasa |
| **Tuono** | Guntur |
| **Vendetta** | Balas Dendam |

## Moda
### Fashion

| | |
|---|---|
| **Abbigliamento** | Pakaian |
| **Boutique** | Butik |
| **Caro** | Mahal |
| **Confortevole** | Nyaman |
| **Elegante** | Elegan |
| **Minimalista** | Minimalis |
| **Misure** | Pengukuran |
| **Modello** | Pola |
| **Moderno** | Modern |
| **Modesto** | Sederhana |
| **Originale** | Asli |
| **Pizzo** | Renda |
| **Pratico** | Praktis |
| **Pulsanti** | Tombol |
| **Ricamo** | Sulaman |
| **Sofisticato** | Canggih |
| **Stile** | Gaya |
| **Tendenza** | Kecenderungan |
| **Tessuto** | Kain |
| **Trama** | Tekstur |

## Musica
### Musik

| | |
|---|---|
| **Album** | Album |
| **Armonia** | Harmoni |
| **Armonico** | Harmonik |
| **Ballata** | Balada |
| **Cantante** | Penyanyi |
| **Cantare** | Menyanyi |
| **Classico** | Klasik |
| **Coro** | Paduan Suara |
| **Lirico** | Liris |
| **Melodia** | Melodi |
| **Microfono** | Mikrofon |
| **Musicale** | Musikal |
| **Musicista** | Musisi |
| **Opera** | Opera |
| **Poetico** | Puitis |
| **Registrazione** | Rekaman |
| **Ritmico** | Berirama |
| **Ritmo** | Irama |
| **Strumento** | Alat |
| **Vocale** | Vokal |

## Natura
### Alam

| | |
|---|---|
| **Animali** | Binatang |
| **Api** | Lebah |
| **Artico** | Arktik |
| **Bellezza** | Kecantikan |
| **Deserto** | Gurun |
| **Dinamico** | Dinamis |
| **Erosione** | Erosi |
| **Fiume** | Sungai |
| **Fogliame** | Dedaunan |
| **Foresta** | Hutan |
| **Ghiacciaio** | Gletser |
| **Montagne** | Gunung |
| **Nebbia** | Kabut |
| **Nuvole** | Awan |
| **Rifugio** | Penampungan |
| **Santuario** | Suaka |
| **Selvaggio** | Liar |
| **Sereno** | Tenang |
| **Tropicale** | Tropis |
| **Vitale** | Vital |

## Numeri
### Angka

| | |
|---|---|
| **Cinque** | Lima |
| **Decimale** | Desimal |
| **Diciassette** | Tujuh Belas |
| **Diciotto** | Delapan Belas |
| **Dieci** | Sepuluh |
| **Dodici** | Dua Belas |
| **Due** | Dua |
| **Nove** | Sembilan |
| **Otto** | Delapan |
| **Quattordici** | Empat Belas |
| **Quattro** | Empat |
| **Quindici** | Lima Belas |
| **Sedici** | Enam Belas |
| **Sei** | Enam |
| **Sette** | Tujuh |
| **Tre** | Tiga |
| **Tredici** | Tiga Belas |
| **Uno** | Satu |
| **Venti** | Dua Puluh |
| **Zero** | Nol |

## Nutrizione
### Nutrisi

| | |
|---|---|
| **Amaro** | Pahit |
| **Appetito** | Nafsu Makan |
| **Bilanciato** | Seimbang |
| **Calorie** | Kalori |
| **Carboidrati** | Karbohidrat |
| **Commestibile** | Bisa Dimakan |
| **Dieta** | Diet |
| **Digestione** | Pencernaan |
| **Fermentazione** | Fermentasi |
| **Liquidi** | Cairan |
| **Nutriente** | Gizi |
| **Peso** | Berat |
| **Proteine** | Protein |
| **Qualità** | Kualitas |
| **Salsa** | Saus |
| **Salute** | Kesehatan |
| **Sano** | Sehat |
| **Spezie** | Rempah-Rempah |
| **Tossina** | Racun |
| **Vitamina** | Vitamin |

## Oceano
### Samudra

| | |
|---|---|
| **Alghe** | Alga |
| **Anguilla** | Belut |
| **Balena** | Paus |
| **Barca** | Perahu |
| **Corallo** | Karang |
| **Delfino** | Lumba-Lumba |
| **Gamberetto** | Udang |
| **Granchio** | Kepiting |
| **Medusa** | Ubur-Ubur |
| **Onde** | Ombak |
| **Ostrica** | Tiram |
| **Pesce** | Ikan |
| **Polpo** | Gurita |
| **Sale** | Garam |
| **Scogliera** | Terumbu |
| **Spugna** | Spons |
| **Squalo** | Hiu |
| **Tartaruga** | Penyu |
| **Tempesta** | Badai |
| **Tonno** | Tuna |

## Paesaggi
### Pemandangan Alam

| | |
|---|---|
| **Cascata** | Air Terjun |
| **Collina** | Bukit |
| **Deserto** | Gurun |
| **Dune** | Dunes |
| **Fiume** | Sungai |
| **Geyser** | Geyser |
| **Ghiacciaio** | Gletser |
| **Grotta** | Gua |
| **Iceberg** | Gunung Es |
| **Isola** | Pulau |
| **Lago** | Danau |
| **Mare** | Laut |
| **Montagna** | Gunung |
| **Oasi** | Oasis |
| **Palude** | Rawa |
| **Penisola** | Semenanjung |
| **Spiaggia** | Pantai |
| **Tundra** | Tundra |
| **Valle** | Lembah |
| **Vulcano** | Gunung Berapi |

## Paesi #1
### Negara # 1

| | |
|---|---|
| **Brasile** | Brazil |
| **Cambogia** | Kamboja |
| **Canada** | Kanada |
| **Egitto** | Mesir |
| **Finlandia** | Finlandia |
| **Germania** | Jerman |
| **India** | India |
| **Iraq** | Irak |
| **Israele** | Israel |
| **Libia** | Libya |
| **Mali** | Mali |
| **Marocco** | Maroko |
| **Norvegia** | Norwegia |
| **Panama** | Panama |
| **Polonia** | Polandia |
| **Romania** | Rumania |
| **Senegal** | Senegal |
| **Spagna** | Spanyol |
| **Venezuela** | Venezuela |
| **Vietnam** | Vietnam |

## Paesi #2
### Negara #2

| | |
|---|---|
| **Albania** | Albania |
| **Danimarca** | Denmark |
| **Etiopia** | Ethiopia |
| **Giamaica** | Jamaika |
| **Giappone** | Jepang |
| **Grecia** | Yunani |
| **Haiti** | Haiti |
| **Indonesia** | Indonesia |
| **Irlanda** | Irlandia |
| **Laos** | Laos |
| **Liberia** | Liberia |
| **Messico** | Meksiko |
| **Nepal** | Nepal |
| **Nigeria** | Nigeria |
| **Pakistan** | Pakistan |
| **Russia** | Rusia |
| **Siria** | Suriah |
| **Sudan** | Sudan |
| **Ucraina** | Ukraina |
| **Uganda** | Uganda |

## Pesca
### Penangkapan Ikan

| | |
|---|---|
| **Acqua** | Air |
| **Attrezzatura** | Peralatan |
| **Barca** | Perahu |
| **Branchie** | Insang |
| **Cesto** | Keranjang |
| **Cucinare** | Masak |
| **Esagerazione** | Berlebihan |
| **Esca** | Umpan |
| **Filo** | Kawat |
| **Fiume** | Sungai |
| **Gancio** | Kait |
| **Lago** | Danau |
| **Mascella** | Rahang |
| **Oceano** | Laut |
| **Pazienza** | Kesabaran |
| **Peso** | Berat |
| **Pinne** | Sirip |
| **Spiaggia** | Pantai |
| **Stagione** | Musim |

## Piante
### Tanaman

| | |
|---|---|
| **Albero** | Pohon |
| **Bacca** | Berry |
| **Bambù** | Bambu |
| **Botanica** | Botani |
| **Cactus** | Kaktus |
| **Cespuglio** | Semak |
| **Crescere** | Tumbuh |
| **Edera** | Ivy |
| **Erba** | Rumput |
| **Fagiolo** | Kacang |
| **Fertilizzante** | Pupuk |
| **Fiore** | Bunga |
| **Flora** | Flora |
| **Fogliame** | Dedaunan |
| **Foresta** | Hutan |
| **Giardino** | Kebun |
| **Muschio** | Lumut |
| **Petalo** | Kelopak |
| **Radice** | Akar |
| **Vegetazione** | Vegetasi |

## Professioni #1
### Profesi # 1

| | |
|---|---|
| **Allenatore** | Pelatih |
| **Ambasciatore** | Duta Besar |
| **Artista** | Artis |
| **Astronomo** | Astronom |
| **Avvocato** | Pengacara |
| **Ballerino** | Penari |
| **Banchiere** | Bankir |
| **Cacciatore** | Hunter |
| **Cartografo** | Kartografer |
| **Editore** | Editor |
| **Farmacista** | Apoteker |
| **Geologo** | Ahli Geologi |
| **Gioielliere** | Perhiasan |
| **Idraulico** | Tukang Ledeng |
| **Infermiera** | Perawat |
| **Musicista** | Musisi |
| **Pianista** | Pianis |
| **Psicologo** | Psikolog |
| **Scienziato** | Ilmuwan |
| **Veterinario** | Dokter Hewan |

## Professioni #2
### Profesi # 2

| | |
|---|---|
| **Astronauta** | Astronot |
| **Bibliotecario** | Pustakawan |
| **Biologo** | Ahli Biologi |
| **Chirurgo** | Ahli Bedah |
| **Dentista** | Dokter Gigi |
| **Filosofo** | Filsuf |
| **Fotografo** | Fotografer |
| **Giardiniere** | Tukang Kebun |
| **Giornalista** | Wartawan |
| **Illustratore** | Ilustrator |
| **Ingegnere** | Insinyur |
| **Insegnante** | Guru |
| **Inventore** | Penemu |
| **Investigatore** | Penyidik |
| **Linguista** | Ahli Bahasa |
| **Medico** | Dokter |
| **Pilota** | Pilot |
| **Pittore** | Pelukis |
| **Ricercatore** | Peneliti |
| **Zoologo** | Zoologi |

## Psicologia
### Psikologi

| | |
|---|---|
| Appuntamento | Janji |
| Clinico | Klinis |
| Cognizione | Kognisi |
| Comportamento | Perilaku |
| Conflitto | Konflik |
| Ego | Ego |
| Emozioni | Emosi |
| Esperienze | Pengalaman |
| Idee | Ide |
| Inconscio | Bawah Sadar |
| Influenze | Pengaruh |
| Pensieri | Pikiran |
| Percezione | Persepsi |
| Personalità | Kepribadian |
| Problema | Masalah |
| Realtà | Realitas |
| Sensazione | Sensasi |
| Sogni | Mimpi |
| Terapia | Terapi |
| Valutazione | Penilaian |

## Ristorante #2
### Restoran #2

| | |
|---|---|
| Acqua | Air |
| Aperitivo | Pembuka |
| Bevanda | Minuman |
| Cameriere | Pelayan |
| Cena | Makan Malam |
| Cucchiaio | Sendok |
| Delizioso | Lezat |
| Forchetta | Garpu |
| Frutta | Buah |
| Ghiaccio | Es |
| Insalata | Salad |
| Minestra | Sup |
| Pesce | Ikan |
| Pranzo | Makan Siang |
| Sale | Garam |
| Sedia | Kursi |
| Spezie | Rempah-Rempah |
| Torta | Kue |
| Uova | Telur |
| Verdure | Sayuran |

## Salute e Benessere #1
### Kesehatan dan Kebugaran

| | |
|---|---|
| Abitudine | Kebiasaan |
| Altezza | Tinggi |
| Attivo | Aktif |
| Batteri | Bakteri |
| Clinica | Klinik |
| Fame | Kelaparan |
| Farmacia | Farmasi |
| Frattura | Patah |
| Medicina | Obat |
| Medico | Dokter |
| Muscoli | Otot |
| Nervi | Saraf |
| Ormoni | Hormon |
| Pelle | Kulit |
| Postura | Sikap |
| Riflesso | Refleks |
| Rilassamento | Relaksasi |
| Terapia | Terapi |
| Trattamento | Pengobatan |
| Virus | Virus |

## Salute e Benessere #2
### Kesehatan dan Kebugaran

| | |
|---|---|
| Allergia | Alergi |
| Anatomia | Anatomi |
| Appetito | Nafsu Makan |
| Caloria | Kalori |
| Corpo | Tubuh |
| Dieta | Diet |
| Digestione | Pencernaan |
| Disidratazione | Dehidrasi |
| Energia | Energi |
| Genetica | Genetika |
| Igiene | Kebersihan |
| Infezione | Infeksi |
| Malattia | Penyakit |
| Massaggio | Pijat |
| Nutrizione | Gizi |
| Ospedale | Rumah Sakit |
| Peso | Berat |
| Sangue | Darah |
| Sano | Sehat |
| Vitamina | Vitamin |

## Scacchi
### Catur

| | |
|---|---|
| Avversario | Lawan |
| Bianco | Putih |
| Campione | Juara |
| Concorso | Kontes |
| Diagonale | Diagonal |
| Giocatore | Pemain |
| Gioco | Permainan |
| Intelligente | Cerdik |
| Nero | Hitam |
| Passivo | Pasif |
| Punti | Poin |
| Re | Raja |
| Regina | Ratu |
| Regole | Aturan |
| Sacrificio | Pengorbanan |
| Sfide | Tantangan |
| Strategia | Strategi |
| Tempo | Waktu |
| Torneo | Turnamen |

## Scienza
### Sains

| | |
|---|---|
| Atomo | Atom |
| Chimico | Bahan Kimia |
| Clima | Iklim |
| Dati | Data |
| Esperimento | Percobaan |
| Evoluzione | Evolusi |
| Fatto | Fakta |
| Fisica | Fisika |
| Fossile | Fosil |
| Gravità | Gravitasi |
| Ipotesi | Hipotesis |
| Laboratorio | Laboratorium |
| Metodo | Metode |
| Minerali | Mineral |
| Molecole | Molekul |
| Natura | Alam |
| Organismo | Organisme |
| Osservazione | Observasi |
| Particelle | Partikel |
| Scienziato | Ilmuwan |

## Spezie
### Rempah-Rempah

| | |
|---|---|
| **Aglio** | Bawang Putih |
| **Amaro** | Pahit |
| **Anice** | Anise |
| **Cannella** | Kayu Manis |
| **Cardamomo** | Kapulaga |
| **Cipolla** | Bawang |
| **Coriandolo** | Ketumbar |
| **Cumino** | Jinten |
| **Curry** | Kari |
| **Dolce** | Manis |
| **Finocchio** | Adas |
| **Gusto** | Rasa |
| **Liquirizia** | Licorice |
| **Noce Moscata** | Pala |
| **Paprika** | Paprika |
| **Pepe** | Lada |
| **Sale** | Garam |
| **Vaniglia** | Vanila |
| **Zafferano** | Kunyit |
| **Zenzero** | Jahe |

## Strumenti Musicali
### Instrumen Musik

| | |
|---|---|
| **Armonica** | Harmonika |
| **Arpa** | Harpa |
| **Banjo** | Banjo |
| **Chitarra** | Gitar |
| **Clarinetto** | Klarinet |
| **Fagotto** | Bassoon |
| **Flauto** | Seruling |
| **Gong** | Gong |
| **Mandolino** | Mandolin |
| **Marimba** | Marimba |
| **Oboe** | Obo |
| **Percussione** | Perkusi |
| **Pianoforte** | Piano |
| **Sassofono** | Saksofon |
| **Tamburello** | Rebana |
| **Tamburo** | Drum |
| **Tromba** | Terompet |
| **Trombone** | Trombon |
| **Violino** | Biola |
| **Violoncello** | Selo |

## Tempo
### Waktu

| | |
|---|---|
| **Anno** | Tahun |
| **Annuale** | Tahunan |
| **Calendario** | Kalender |
| **Decennio** | Dasawarsa |
| **Dopo** | Setelah |
| **Futuro** | Masa Depan |
| **Giorno** | Hari |
| **Ieri** | Kemarin |
| **Mattina** | Pagi |
| **Mese** | Bulan |
| **Mezzogiorno** | Siang |
| **Minuto** | Menit |
| **Momento** | Saat |
| **Notte** | Malam |
| **Oggi** | Hari Ini |
| **Ora** | Jam |
| **Presto** | Segera |
| **Prima** | Sebelum |
| **Secolo** | Abad |
| **Settimana** | Minggu |

## Tipi di Capelli
### Jenis Rambut

| | |
|---|---|
| **Argento** | Perak |
| **Asciutto** | Kering |
| **Bianco** | Putih |
| **Biondo** | Pirang |
| **Breve** | Pendek |
| **Calvo** | Botak |
| **Colorato** | Berwarna |
| **Grigio** | Abu-Abu |
| **Intrecciato** | Dikepang |
| **Liscio** | Halus |
| **Lungo** | Panjang |
| **Marrone** | Cokelat |
| **Morbido** | Lembut |
| **Nero** | Hitam |
| **Riccio** | Keriting |
| **Riccioli** | Ikal |
| **Sano** | Sehat |
| **Sottile** | Tipis |
| **Spessore** | Tebal |
| **Trecce** | Kepang |

## Uccelli
### Burung-Burung

| | |
|---|---|
| **Anatra** | Bebek |
| **Aquila** | Elang |
| **Canarino** | Kenari |
| **Cicogna** | Bangau |
| **Cigno** | Angsa |
| **Colomba** | Merpati |
| **Cuculo** | Cuckoo |
| **Fenicottero** | Flamingo |
| **Gabbiano** | Gull |
| **Gufo** | Burung Hantu |
| **Pappagallo** | Burung Beo |
| **Passero** | Burung Pipit |
| **Pavone** | Merak |
| **Pellicano** | Pelikan |
| **Pinguino** | Penguin |
| **Piuma** | Bulu |
| **Pollo** | Ayam |
| **Struzzo** | Burung Unta |
| **Tucano** | Toucan |
| **Uovo** | Telur |

## Universo
### Universe

| | |
|---|---|
| **Asteroide** | Asteroid |
| **Astronomia** | Astronomi |
| **Astronomo** | Astronom |
| **Atmosfera** | Suasana |
| **Buio** | Kegelapan |
| **Cielo** | Langit |
| **Cosmico** | Kosmik |
| **Emisfero** | Belahan Bumi |
| **Equatore** | Khatulistiwa |
| **Galassia** | Galaksi |
| **Latitudine** | Garis Lintang |
| **Longitudine** | Garis Bujur |
| **Luna** | Bulan |
| **Orbita** | Orbit |
| **Orizzonte** | Horison |
| **Solare** | Surya |
| **Solstizio** | Solstice |
| **Telescopio** | Teleskop |
| **Visibile** | Terlihat |
| **Zodiaco** | Zodiak |

## Vacanze #2
### Liburan #2

| | |
|---|---|
| **Aeroporto** | Bandara |
| **Campeggio** | Camping |
| **Destinazione** | Tujuan |
| **Foto** | Foto |
| **Hotel** | Hotel |
| **Isola** | Pulau |
| **Mappa** | Peta |
| **Mare** | Laut |
| **Passaporto** | Paspor |
| **Ristorante** | Restoran |
| **Spiaggia** | Pantai |
| **Straniero** | Orang Asing |
| **Taxi** | Taksi |
| **Tempo Libero** | Rekreasi |
| **Tenda** | Tenda |
| **Trasporto** | Transportasi |
| **Treno** | Kereta |
| **Vacanza** | Liburan |
| **Viaggio** | Perjalanan |
| **Visto** | Visa |

## Veicoli
### Kendaraan

| | |
|---|---|
| **Aereo** | Pesawat |
| **Ambulanza** | Ambulans |
| **Auto** | Mobil |
| **Autobus** | Bis |
| **Barca** | Perahu |
| **Bicicletta** | Sepeda |
| **Camion** | Truk |
| **Caravan** | Kafilah |
| **Elicottero** | Helikopter |
| **Motore** | Mesin |
| **Navetta** | Shuttle |
| **Pneumatici** | Ban |
| **Razzo** | Roket |
| **Scooter** | Skuter |
| **Sottomarino** | Kapal Selam |
| **Taxi** | Taksi |
| **Traghetto** | Feri |
| **Trattore** | Traktor |
| **Treno** | Kereta |
| **Zattera** | Rakit |

## Verdure
### Sayuran

| | |
|---|---|
| **Aglio** | Bawang Putih |
| **Broccolo** | Brokoli |
| **Carciofo** | Artichoke |
| **Carota** | Wortel |
| **Cetriolo** | Mentimun |
| **Cipolla** | Bawang |
| **Fungo** | Jamur |
| **Insalata** | Salad |
| **Melanzana** | Terong |
| **Oliva** | Zaitun |
| **Patata** | Kentang |
| **Pisello** | Kacang |
| **Pomodoro** | Tomat |
| **Prezzemolo** | Peterseli |
| **Rapa** | Lobak |
| **Scalogno** | Bawang Merah |
| **Sedano** | Seledri |
| **Spinaci** | Bayam |
| **Zenzero** | Jahe |
| **Zucca** | Labu |

## Vestiti
### Pakaian

| | |
|---|---|
| **Abito** | Gaun |
| **Braccialetto** | Gelang |
| **Camicetta** | Blus |
| **Camicia** | Baju |
| **Cappello** | Topi |
| **Cappotto** | Mantel |
| **Cintura** | Ikat Pinggang |
| **Collana** | Kalung |
| **Giacca** | Jas |
| **Gonna** | Rok |
| **Grembiule** | Celemek |
| **Guanti** | Sarung Tangan |
| **Jeans** | Jeans |
| **Maglione** | Sweter |
| **Moda** | Mode |
| **Pantaloni** | Celana |
| **Pigiama** | Piyama |
| **Sandali** | Sandal |
| **Scarpa** | Sepatu |
| **Sciarpa** | Syal |

# Congratulazioni

**Ce l'hai fatta!**

Speriamo che questo libro vi sia piaciuto tanto quanto a noi è piaciuto concepirlo. Ci sforziamo di creare libri della più alta qualità possibile.
Questa edizione è progettata per fornire un apprendimento intelligente, di qualità e divertente!

Le è piaciuto questo libro?

-------

## Una Semplice Richiesta

Questi libri esistono grazie alle recensioni che pubblicate.

Puoi aiutarci lasciando una recensione
ora a questo link ?

BestBooksActivity.com/Recensioni50

# SFIDA FINALE!

## Sfida n°1

Sei pronto per il tuo gioco gratuito? Li usiamo sempre, ma non sono così facili da trovare - ecco i **Sinonimi!**
Scrivi 5 parole che hai trovato nei puzzle (n° 21, n° 36, n° 76) e prova a trovare 2 sinonimi per ogni parola.

### Scrivi 5 parole del *Puzzle 21*

| Parole | Sinonimo 1 | Sinonimo 2 |
|---|---|---|
|  |  |  |
|  |  |  |
|  |  |  |
|  |  |  |

### Scrivi 5 parole del *Puzzle 36*

| Parole | Sinonimo 1 | Sinonimo 2 |
|---|---|---|
|  |  |  |
|  |  |  |
|  |  |  |
|  |  |  |

### Scrivi 5 parole del *Puzzle 76*

| Parole | Sinonimo 1 | Sinonimo 2 |
|---|---|---|
|  |  |  |
|  |  |  |
|  |  |  |
|  |  |  |

# Sfida n°2

Ora che ti sei riscaldato, scrivi 5 parole che hai trovato nei puzzle n° 9, n° 17 e n° 25 e cerca di trovare 2 contrari per ogni parola. Quanti ne puoi trovare in 20 minuti?

*Scrivi 5 parole del* **Puzzle 9**

| Parole | Antonimo 1 | Antonimo 2 |
|--------|------------|------------|
|        |            |            |
|        |            |            |
|        |            |            |
|        |            |            |
|        |            |            |

*Scrivi 5 parole del* **Puzzle 17**

| Parole | Antonimo 1 | Antonimo 2 |
|--------|------------|------------|
|        |            |            |
|        |            |            |
|        |            |            |
|        |            |            |
|        |            |            |

*Scrivi 5 parole del* **Puzzle 25**

| Parole | Antonimo 1 | Antonimo 2 |
|--------|------------|------------|
|        |            |            |
|        |            |            |
|        |            |            |
|        |            |            |
|        |            |            |

# Sfida n°3

Grande! Questa sfida non è niente per te!

Pronto per la sfida finale? Scegli 10 parole che hai scoperto nei diversi puzzle e scrivile qui sotto.

| | |
|---|---|
| 1. | 6. |
| 2. | 7. |
| 3. | 8. |
| 4. | 9. |
| 5. | 10. |

Ora scrivi un testo pensando a una persona, un animale o un luogo che ti piace.

*Puoi usare l'ultima pagina di questo libro come bozza.*

## La tua composizione:

# TACCUINO:

# A PRESTO!

*Tutta la Squadra*

www.ingramcontent.com/pod-product-compliance
Lightning Source LLC
Chambersburg PA
CBHW082053120626
46553CB00011B/3385